臺灣人口與社會發展

李文朗 著

東大圖書公司 印行

國立中央圖書館出版品預行編目資料

臺灣人口與社會發展/李文朗著.--初
版.--臺北市：東大出版：三民總
經銷，民81
面；　　公分.--(滄海叢刊)
ISBN 957-19-1373-1 (精裝)
ISBN 957-19-1374-X (平裝)

1.社會變遷-臺灣-論文，講詞等
2.社會問題-臺灣-論文，講詞等

540.9232　　　　80004630

著　者　李文朗
發行人　劉仲文
出版者　東大圖書股份有限公司
總經銷　三民書局股份有限公司
印刷所　東大圖書股份有限公司
地址／臺北市重慶南路一段
六十一號二樓
郵撥／〇一〇七一七五——〇號
初　版　中華民國八十一年一月
編　號　E 54004
基本定價　叁元壹角壹分
行政院新聞局登記證局版臺業字第〇一九七號

ISBN 957-19-1374-X (平裝)

獻給　敬愛的師長

臺灣社會發展的模式——代序

「臺灣固無史也，荷人啓之，鄭氏作之，清代營之，開物成務，以立我丕基。」這是百年前臺灣大儒連雅堂寫《臺灣通史》開宗明義的第一句話。很簡要的道出了臺灣命運的坎坷與轉換。今日的臺灣，已經不是百年前的「海上之荒島」了。以2,000萬的人口，擁擠在不到四萬平方公里的土地，居然可以擠身世界十大貿易國；國民的生產力將近中國大陸的一半；經濟若是持續成長，十年後可以「超英趕美」。這些寶貴的成就，不能不說是社會發展史上的奇蹟。

臺灣是個自然條件相當薄弱的地方。比起希臘，土耳其，或者海南島，臺灣並沒有什麼顯著的地理優勢。然而，在人文條件的比較上，臺灣確實是個異數。臺灣在美國的留學人數，居然可以佔全世界的前三位，比起八億人口的印度還多。從這個小指標，不難看出臺灣人的開放，進取，及求新求變的現代化態度。相形之下，世界絕大多數的國家都是閉塞，故步自封，以「不變應萬變」的傳統態度。希臘也有一千多萬人的社會，也是文明古國，但是希臘的留美學生絕不超過三百人。區區的俄州大，臺灣留學生就已經有五百人之多。

在短暫的四十年之間，臺灣從一個第三世界的落後地區，搖身一變，已經融入了世界社會的主流。我們回顧這一段披荊斬棘的奮鬪史，不能不對這「婆娑之洋，美麗之島」感到驕傲，敬佩，與愛憐。

從兩個經濟指標，我們可以看出臺灣社會突變的過程。1950年，臺灣的人平均所得不到美金400元。1960年，增加到了600元。到了1970年，已經超過美金 1,000 元。1980年高達 2,300 元。如今，臺灣的平均所得已經超越每人每年 8,000 美金的收入。我們再看臺灣工業化起飛的過程，也是相當驚人的。1950年的非農業人口差不多是45%。1960年提升到50%。1970年增加到63%。1980年再升高到80%。如今已快達到90%。

隨著生活水平的提高，以及產業結構的變化，其他的社會制度也跟著轉變。事實上，社會與經濟是一體的，並不是雙元的；何者爲因，何者爲果，很難概括論斷。四十年來臺灣的非經濟層面也有極激烈的轉變。最顯著的成果就是人力資源的開發，文化程度的提升。日本人雖然在臺灣有不少的貢獻，但是文化教育的努力並不是很明顯。一直到1950年，臺灣小學畢業生能上初中的比率，還不到 1/3。國民政府對教育政策的關注與努力是不可抹殺的。1960年，小學畢業生的升學率已經提升到 53%，到了1970年，再增加到 80%。如今已經是100%了。

臺灣的社會發展經驗，提供了第三世界許多寶貴的參考資料。假如我們相信 Walt Rostow 的發展理論的話，那麼，1965年左右，應該是臺灣發展歷史上的一個分水嶺。發展的過程若是隨著一條羅吉斯曲線（Logistic Curve），那麼，1960 年代的中葉（也就是中國大陸正在打殺搶的時候），臺灣猛然之間，已跳躍了低均衡的陷阱 (Low Equilibrium Trap)。

是何使之，是何致之？試圖解釋臺灣的發展經驗是許多社會學者想探討的課題。很不幸的，我們的社會學者還沒有提出一套獨特的學說見解。我們的學術界還存在著邊陲文化的色彩，總是人云亦云，隨著洋人的胡說謬論歌舞。百年前我們的祖先總怪臺灣的媽祖不靈，要過海回唐山去「割香」；如今，洋博士從海外回來，也是每個人抱著一個洋菩薩。不是西方本位的「現代論」，就是痛罵西化的「依賴論」；不是納粹色彩的「國家論」，就是強調經濟殖民的「世界體系論」。

依據筆者粗淺的看法，臺灣發展經驗的最好解釋，還是傳統的社會學的分析觀點，筆者稱之爲「制度論」。

制度論並不是什麼創新的理論；制度論的主要論點就是社會學的論點。制度論與其他社會科學的觀點確實有些不儘相同之處：

第一，制度論強調的是社會現象的整體關聯性。經濟是社會現象的一種，政治也是社會現象的一種，不能把政治與經濟硬生生的撥開。臺灣社會的發展，不僅是經濟面而已，連帶的，其他社會制度也有了變化。一百五十年前，孔德（Auguste Comte）把這一套研究觀點稱之爲「社會學」，有些西歐學者不願意用「社會學」這個名詞，他們就稱之爲「政治經濟學」。譬如說，我們談人口問題，若是我們只研究人口的組成結構，那就是人口學；若是更深一層的探討人口現象的政治經濟意義，那就是社會學了，也就是制度論存在的意義。

第二，制度論強調的是文化的傳承與功能。我們觀察社會現象，不僅要看橫面，而且也要看縱面。美國文化的特質是相當的短視，因此，美國的社會學者只喜歡看橫面，不擅長看縱面。連帶的，他們的徒子徒孫回到臺灣來，研究臺灣社會，也喜歡搞調查，談抽樣。事實上，解釋任何一個社會現象，最好的迴歸方程式的變量，就是該現象的歷史軌跡。唯有縱橫兼顧的數學模型，才是最有意義的模型。因此，筆者在這幾篇著作中，總是不斷的強調時間變量的重要性。

第三，制度論強調的是社會現象之間的均衡與失衡(disequilibrium)。社會的發展是靠多重社會制度的配合。配合適當，就是均衡；配合不當，就是失衡。我們常聽說的社會學裏的「衡突論」(Conflict Theory)，它所鼓吹的，就是社會現象的失衡面。譬如說，社會分配的差距問題，政治精英問題，以及族群矛盾問題……都是衡突論者的研究主題。從制度論的觀點看，社會失衡是必然的社會現象；衡突論並沒有錯，衡突論只是個偏論。也就是說，制度論涵蓋了衡突論。

第四，制度論強調的是社會現象的變易性，社會變遷是制度論的研究主題，我們平常所謂的「制度化」，就是強調社會現象永遠是動態的觀念。任何社會現象，僅是一個過程而已，永遠在變動；不可能完全靜止，外力的衝激永遠存在的。不管外力如何的干擾，「適應力」(adaptability)是現代社會最佳的座右銘。適應力強的社會，能夠把外力的干擾，加以「制度化」，把阻力變成助力。社會如此，個人也是如此。所謂「現代化理論」，所強調的，也就是這個觀點。

這本書搜集了筆者過去二十年來關於臺灣社會現象的分析。分析的觀點是「社會學」的，或者稱之爲「制度論」的。這本書試圖將上述的「制度論」的四大觀點，加以闡述。當然，我不敢說有什麼創見，可能只是「斷簡殘篇」而已。

不過，從1957年開始，筆者進入了東海大學社會學系，三十多年來，一直在社會學的圈子裏打滾，日夜的思考這些勞什子問題，總該有了點心得吧？套用中國大陸的一句俗話：「沒有功勞，也有苦勞；沒有苦勞，也有疲勞」。這本書就算是我疲勞的成果。以「野人獻曝」的心情，與我的讀者共享。

我從事社會學的研究，一直不敢忘記三位授業恩師。啓蒙的席汝楫先生，思想的啓發，生活的照顧，一直令我懷念。大四及畢業之後，龍冠海先生多方的協助，有時候也帶我去吃館子，這種恩情是現代學生少見的。留美之後，得到 Dorothy Swaine Thomas 的厚愛，重病時，還在她家住了一個暑假。可惜她去世的那段時間，筆者正好開始執教鞭，沒有心情照顧她，僅以發表的一本書記念她而已。

除了幾位恩師之外，筆者一生當中有不少的同仁好友，不時的幫忙砌磋。有的幫忙搜集資料，有的貢獻分析觀點。他們的友情，筆者永渝不忘。恐怕掛一漏萬，在此不能一一列舉。這本書搜集的論文，過去散見在《中國社會學刊》，《思與言》，《臺灣銀行》季刊，《社區發展》季刊，以及《經濟預測》，主編者的厚愛，筆者深深感謝。

在這本書裏，筆者試圖以實證的社會研究，來顯示「制度論」的基本分析觀點。筆者一生服膺的研究信條：是希望研究要「言之有據」，不要玄學的遊戲。然而，在一大堆統計數字當中，理論的眞諦往往被埋沒了。實證與理論之中，確實存在者「運作論」的基本矛盾。這本書的十篇論文當中，或有不成熟的見解，希望親愛的讀者，不吝的指敎與批判。

李文朗

1991年12月　美國哥倫布城

臺灣人口與社會發展

目　次

臺灣人口與社會發展

目次

第一章　人口變動的預測

一、人口問題的真正意義

記得二十多年前，有一位神童，在初中聯招的作文題目：「臺北街頭」，破題一句：「人有人頭，街有街頭；臺北街頭，都是人頭」。這句話活生生的描繪出人口問題的形象。我們每次談到人口問題，總免不了想起擁擠的情況，就像臺北的火車站，人擠人，人拉人，人氣人。本來是有尊嚴有個性的人，可是雜拌在一起，就像是沙丁魚似的，提不起尊嚴，談不到個性。人口問題的嚴重，變得像空氣汚染一樣，成爲値得防除的公害。

人口是否應該繼續成長？這是一個很可爭論的題目。不管是贊成或反對，都是站在人文主義的立場。贊成的人，認爲人是有高度的價値，不能當成貨物一樣，只談膚淺的供需的道理；節育、墮胎，都是「殺人」的行爲，違反了自然的本義。反對的人卻有不同的看法：他們也提倡個人的尊嚴。就是因爲「人多則賤」，在一個以勞力爲主的經濟型態社會中，人被當牛做馬，只供少數特權階級的驅使享受，因之唯有在技術密集的社會裏，才能談到人口的品質；人類尊嚴的建立，幾乎和人口的數量成反比。

由此可見，人口問題的討論，須要跳出哲學的圈套。若是逗留在人文主義的範疇裏，我們沒有法子談到人口政策的制定。公說公有理，婆說婆有理，所有的意見，只是信仰問題，不能用科學的角度看。

人口問題的嚴重，其實是個相對的問題，不是絕對的。社會學的一個基本假設，就是以爲一些價值的取捨，完全是由相對的比較來決定。我們談人口問題，最常用的衡量準繩，就是時間的前後與地域之間的比較：以前和現在是不是有很大的變動？這個變動的幅度是不是大得超過一般國家之間的常態？我們常用的衡量指數有三個：

1. 人口與土地（或環境資源）的比率
2. 人口與生產力的配合
3. 人口與整個社會結構的關聯

人口的密度是談人口問題最好的量尺。像臺灣，整個地區是35,981平方公里，容納了2,100多萬的人口，可以說，每平方公里，有584個人，比起世界各國算是最高的一個。近三十年來，增加一倍多。這當然是很嚴重的問題。但是人多並不一定是問題，最重要的是要看我們對一個人的生活程度的標準是怎麼訂？假如我們還是停留在像印度一樣的農業社會，一家八口一張床，人多也無所謂，大家和和氣氣的，有飯大家吃，沒有飯，呼叫幾聲菩薩也可以。不怨天，不尤人，這樣的生活標準也很有閒情逸緻。然而，在國際競爭上我們可能就慢人一大步。人爲刀俎，我爲魚肉。這樣的生活環境我們已經經驗過了，痛定思痛。我們了解人多並不就是國富。一羣乞丐面有菜色的，並不能發生什麼社會作用。

人多加上民富，這才是理想的國家，可惜，人多與民富，往往是魚與熊掌，不可兼得。其中原因是非常微妙的，和自然資源沒有太大關係，在有些自然資源相當豐富的國家，人口問題仍然存在，個人所得仍然很低。大抵說來，人多就會造成「生之者寡，食之者衆」的現象。在人口統計學上有一個著名的定律：生育率與人口依賴度 (Dependency Ratio) 成正比。也就是說，在一個人口生長率高的社會裏，生育率一定很高，大概是每年3.5%以上。生育率高，小孩子的數目就會多。人口的依賴度是用底下的公式計算的:

$$D=(P_{-15}+P_{65+})/P_{15-64})$$

也就是以低於15歲與高於65歲之人口和，除以15歲與65歲之間的人口數。生育率愈高，譬如日本，人口依賴度只是45%。差不多是 100 個人生產，供養 145 個人吃飯。然而在印度就大大不同了，人口依賴度是82%，可以說 100 個人生產，182 個人吃飯，可見兩者之差是多大。現今臺灣人口依賴度是60%，比起十年前的90%可以說是好多了。

人口的大量增加，影響到人口的依賴度，也減低了一個社會的生產力。這是人口與經濟兩方面的關係。不僅如此，人口與整個社會結構的關係也很大。馬爾薩斯 (Thomas Malthus) 的《人口論》，所強調的是：人口的大幅度增加，會帶來許多社會價值系統的破壞。戰爭，罪惡，悲慘等等都是人口過度成長所造成的結果。過去陳達研究中國社會，也把歷代王朝的衰亡，歸咎於人口的膨脹。當長久的政治安定，造成人口的大量增加，會引起人口與土地配合不良的問題，饑荒帶來了變亂，當政者剝削，也促成野心家如黃巢，李自成的趁機而出，帶來了一個朝代的消滅❶。

❶ 馬爾薩斯 (Thomas Malthus) 的《人口論》，是衆所熟知的，勿庸多言。陳達的研究，參考他所著作的: "Population in Modern China", *American Journal of Sociology*, Vol. 52, No. 1, Part 2 July, 1946.

我們環顧今日世界，許多人口擁擠的地區，往往也是貪汚，剝削盛行的所在。人口與社會病態是否有決定性的關係，我們不敢下肯定的答案，不過，有許多學者似乎相信，人口成長既然有極顯明的經濟意義，那麼，它對整個社會結構的變動至少也有間接的關聯。

二、臺灣人口的成長

這個世紀以來，臺灣人口的成長是相當驚人的。本世紀初，當日本人侵佔臺灣不久，他們開始了人口普查和每年的登記。1905年左右整個臺灣的人口只有200多萬，差不多和現在的臺北市一樣多。任何人很難想像，七十年來，居然增加了6倍多。一般說來，人口成長率若是每年3%，就是很高了，每23年就增加1倍，可是臺灣已經超過了這個極限。「滄海桑田」正是形容人口成長的最好的指標。人口高度成長，可以把昨日的滄海，變成今日的桑田。有誰可以想像到：鄭成功攻打臺南城的時候，安平堡和赤崁樓之間還隔了一條內海？幾百年的人口成長，已經使臺灣的面目全非。之後情景，我們更不敢想像。

土地面積，並不是一個完全固定的因素。人口一直在成長，土地面積也有增加的趨勢。海埔新生地是個顯明的例子。不僅如此，人口的成長也會逼著某一部分人上山下海，開發新的工地；把以前的不毛之地，變成了可耕地。近五年來，耕地面積不斷的增加，譬如1969年的可耕面積是 9,011 平方公里，到了1974年，增加到 9151 平方公里。五年之間，增加了1%左右。

然而，可耕面積的增加絕對趕不上人口的增加。五年之內，臺灣人口增加了12%，差不多180萬人。這正是馬爾薩斯悲觀主義的寫照。雖然，人口的壓力可以促使邊疆地區的開發，但是，人口的壓力更可以吃掉已經開發了的地區。房地的擴張是個最明顯的例子。譬如五大都市（臺北、基隆、臺中、臺南、高雄）所包含的耕地面積在1969年是263平方公里，五年後卻減低到237平方公里，差不多減少了11%。另外一個顯明的例子，就是工業建設大量的吞蝕耕地面積。高速公路的修建，就損失了相當大的可耕地。由此可見，今後的臺灣社會，不可能再停留在以農立國的境界。房屋建築只好向上空發展；雜糧食品，也只得由國外輸入。這是人口高度成長的必然結果。

人口的壓力，是臺灣經濟發展所面臨的一個大問題。幸而，最近

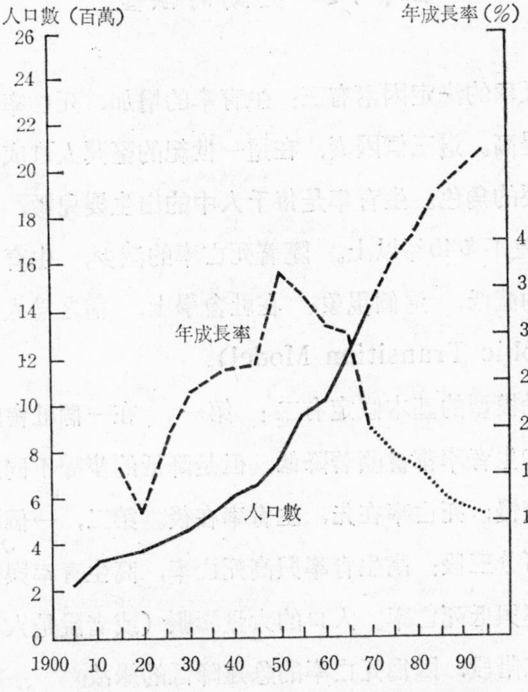

圖一：臺灣人口之成長，1905～1995

資料來源：《臺灣五十一年來之統計提要》，東南行政長官署印行，1946，表50，以及行政院出版之 *Statistical Yearbook of the Republic of China*, 1975，表18。

十年來，已經有了緩和的現象。就如圖一所示：每年的人口成長率從1950年代開始，已經降低了。最高的紀錄是 3.7%。也就是說，一年之內，人口增加了 3.7%。比起世界各國，這個記錄算是很高了。最近十年來，人口成長率節節下降，不過，整個臺灣的人口數目還是增加的。大約在1985年，就已闖過2,000萬的大關。那時，每平方公里，已有556人。除了少數的都市國家（如新加坡）之外，這樣的密度可能是世界次高的。

三、人口變動的模型

人口成長率的決定因素有三：生育率的增加，死亡率的減少，以及淨移率的提高。這三個因素，在這一世紀的臺灣人口成長史上，都扮演了很重要的角色。生育率是每千人中的出生嬰兒數，在一般未開發的社會，差不多40%以上。隨著死亡率的減少，生育率會提高，然後才逐漸的減低，這個現象，在社會學上，稱之爲人口變動模型(Demographic Transition Model)。

人口變動模型的基本假定有二：第一，在一個社會的發展過程上，死亡率和生育率都會隨著降低。但是降低的步驟不同。死亡率較高，生育率較慢；死亡率在先，生育率在後。第二，一個社會的人口變動的過程可分三段：高生育率與高死亡率，高生育率與低死亡率，以及低生育率與低死亡率。人口的大量膨脹（或者說是人口爆炸）只有發生在第二階段，因爲死亡率的急速降低的緣故。

臺灣人口的變動，正是符合這個模型。由圖二，可以看出，自從1920年代開始，臺灣的醫療水準已經提高很多，死亡率一步一步的減少。本世紀初，臺灣的死亡率高達 3.5%，也就是每千人當中每年有

35人死亡。這麼高的死亡率，很難談到人口的急速成長，生育率差不多在4.5%左右，因之，在開墾時代的臺灣人口自然增加率（不談大陸來的移民），大概只是每年1%左右，相當的低。

隨著死亡率的減低，人口的成長率逐漸提高；因爲生育率還停留在4.5%左右。這個現象，正是人口變動模型的第二階段，也就是人口大量膨脹的原因，除此之外，1940年代的末葉，又因大陸變色，許多移民的遷入，更加速人口變動的過程。在圖一所看到的，人口成長率，在1950年達到了高峯。

幸而，臺灣的人口膨脹的階段只維持了三十多年。在1950年代的末葉，生育率已經開始下降。生育率下降的原因是什麼？這是成千成萬人口學者想要找尋的答案。我們不敢武斷的回答。不過筆者在另一篇論文曾經探討這個問題❷。有一點我們可確定的，就是臺灣生育率的開始下降，和政府的推行家庭計劃政策並沒有因果關係。我們看圖二，生育率從1950年開始下降了，而家庭計劃的全面工作只是1965年的事。臺灣生育率的降低主要是國民受了整個社會經濟發展的影響而自動節育的結果。基本的事實是：臺灣人口成長率一直在下降之中。而政府所推行的節育政策，當會有助於臺灣人口成長率維持年年下降的趨勢，但不能肯定人口成長率年年下降之事實是由家庭計劃政策造成的。

家庭計劃的成功，並不在於改變一般人對生育率的態度看法，而是如何去適應一般人已有的態度看法。這個觀點是值得我們思之再三的。站著計劃者的立場，我們可以做的，是研究如何滿足一般人對節

❷ 筆者在這方面的著作見："Temporal and Spatial Analysis of Fertility Decline in Taiwan", *Population Studies*, Vol. 27. 1973, pp. 97～104.

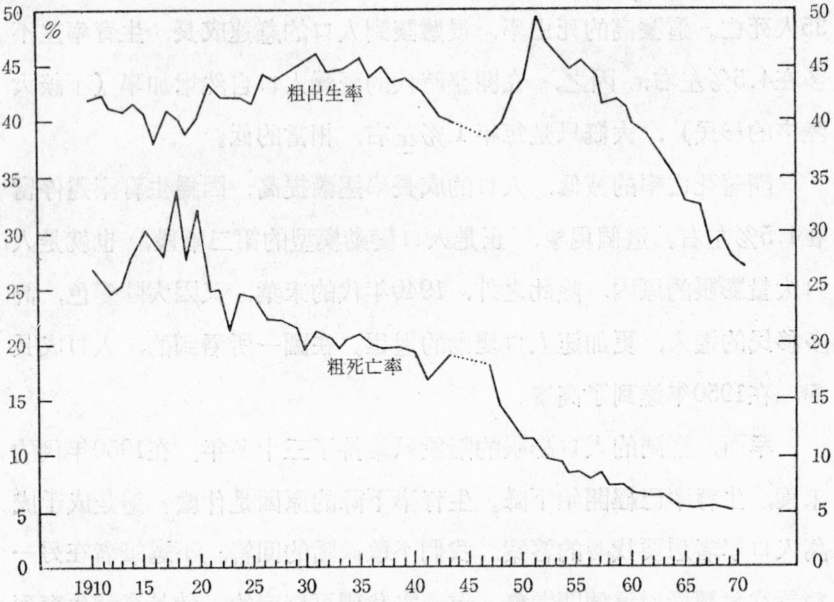

圖二：臺灣出生率與死亡率之變動

資料來源：《臺灣五十一年來之統計提要》，表96及內政部每年出版之《臺閩地區人口統計》

育的要求，如何以最有效的方法，達到生育率下降的目的。這兩個觀點的不同，看起來似乎很簡單，無關宏旨，其實，這在國家的人口政策說來，是相當重要的。因爲數千數萬的金錢浪費，往往由於基本觀點不同的緣故。

我們試圖更深一層的探討社會中各階層的人對節育的態度看法的可能轉變。圖三很明顯的表示：近十年來，臺灣婦女對於節育的態度有不同的看法。年紀輕的，對於節育並沒有多大的興趣。年別生育率（也就是某一年齡每千個婦女中的嬰兒出生數）的變化在低年齡組合並不顯著；可是在高年齡中就很顯著了。譬如說，在 15～19 歲的婦女，她們的生育率是每千個人當中每年有 4 個嬰兒出生，在1965年是如此，十年後也是如此，完全沒有變動，這是很值得玩味的。20～24

歲婦女的生育率也沒有多大的變化。可是35～39歲的婦女就不同了。她們的生育率在1965年是 156‰，十年後是 80‰，簡直像是直線的下降。40～44歲的婦女也是如此，由61‰降到40‰。從圖三可以看出，高年齡的婦女的生育率，在對數圖上，是直線變動的。因此，我們可以用底下的數字模型表示生育率的變動:

$$G=ae^{bt}$$

G是代表年別生育率; e是自然對數的基數; a和b是常數; t是年數，以 1965 年爲基期。用這個模型所測量的結果如下:

表一: 婦女年別出生率之時間變動模型

年齡組合	a	b	R^2	F
15～19	4.1	2.7	0.8	0.1
20～24	78.7	−24.1	78.4	29.0
25～29	291.6	− 9.3	53.7	9.3
30～34	261.5	−23.7	83.3	40.0
35～39	172.2	−79.1	99.0	768.7
40～44	106.0	−87.5	87.7	338.1
45～49	61.7	−60.4	66.4	15.8

註: a與b都是以千分為單位，R^2是以百分為單位

常數a所表示的是各年別生育率在起頭點（也就是 t=o）的數目。也就是說，它代表著 1964 年的年別生育率。常數b是最有意思的了，我們稱之爲變動彈性，因它代表的是:

$$b=d(\ln G)/dt$$

也就是每一年齡組合的生育率在對數量度上的變化。R是G和t的相

關係數，F是測定模型的代表程度。

我們看每一年齡組合的b常數，有很顯明的不同。35歲以下的婦女，生育率的變動彈性很小。每年最多不會超過 25 ‰。但是 35 歲以上的婦女就不同了。她們的變動彈性很大，至少高了一倍多，每年的變動有60‰以上。

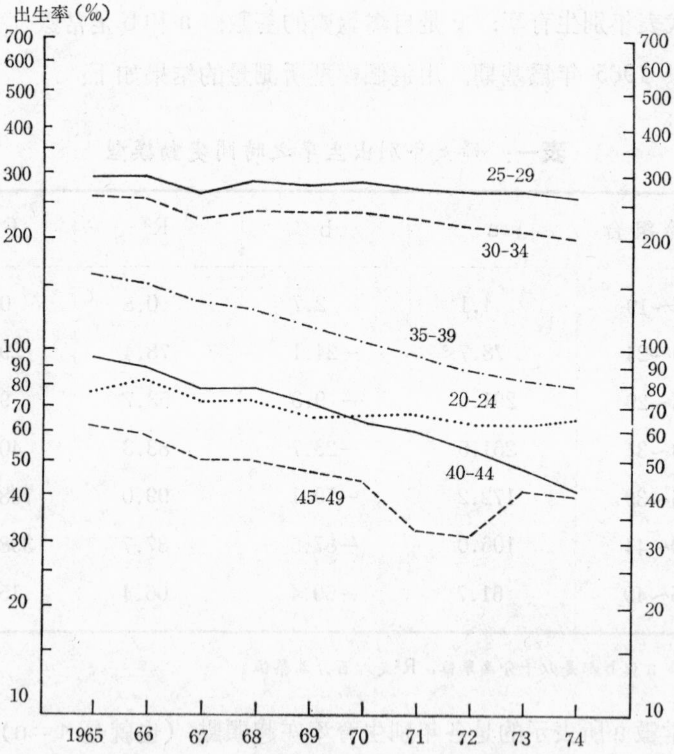

圖三：臺灣婦女年別出生率之變動

資料來源：內政部出版之《臺閩地區人口統計》，1974，表70

這個事實，在人口學的研究上來說是個很好的參考資料。換句話說，近十年來臺灣節育運動的推行，家庭計劃的成功，絕大部分是因爲年齡較高的婦女（35 歲以上）的合作結果。35 歲以下的婦女，並不太注意家庭計劃。節育政策的推廣，對他們來說，無關痛癢。對她們宣傳，給她們指導，功效並不大，還不如以有限的人力經費，用之於 35 歲以上的婦女，結果會比較圓滿。

從這個事實，我們也可導引出一些理論上的修正。社會學上有不少的理論解釋生育率降低的原因。最有影響力的理論是 Dumont 所提的社會毛細管臆說（Social Capillarity Hypothesis）❸。他認爲社會一般人採納小家庭的原因，乃是爲了提高社會地位，追求上層社會的生活方式和思想型態。社會流動性愈大，往上爬的機會愈高，小家庭觀念也愈容易被接受。許多年輕人爲了往上爬，爲了事業前途，爲了投資教育，因此對於家庭計劃最有興趣。相反的，年齡大的，社會流動不太可能，他們對家庭計劃比較没興趣。

依我們實地經驗，這個理論並不能解釋臺灣生育率下降的事實。臺灣的人口變動過程，正好和這個理論所預測的相反：35歲以上的反而比35歲以下的對於家庭計劃更有興趣。這一點我們不得不對 Dumont 的理論產生了懷疑。

四、人口變動的經濟意義

人口變動的原因尚未定論，然而，人口變動的社會影響卻是相當明顯的。其中，最引人注目的，是經濟面的衝激。人多，生產者也多，消費者也多。勞力是經濟因素中很重要的一個、在經濟學思想史

❸ 參考 William Petersen, *Population* (3rd. ed.), New York: Macmillan, 1975, ch. 14.

上，勞動力一直是很被重視的。可惜許多經濟學的討論，只是偏重在人口的總數量，大家談的只是人口要多還是要少，對於人口結構沒有多大興趣。

其實，人口變動的經濟意義，最值得注意的，還是人口本身的結構。最簡單的例子，從年齡結構可以看出人口依賴度。不管人口總數量的多寡，若是生育率高，人口依賴度也跟著增加；生育率低，人口依賴度也跟著下降。死亡率和淨移率也有類似的影響。不過死亡率的變動，在現階段的臺灣並不太大。雖然每年都會減少，可是幅度很低，因之，對於人口依賴度的作用也很小。淨移率在過去臺灣史上扮演了很重要的角色，可是在 1950 年之後，臺灣的人口變動幾乎完全是自然的增加，不受移民的影響。

由此可見，臺灣近二十年來的人口結構變化，絕大部分是受生育率的支配。出生的人數若是愈來愈多，那麼，消費者的比重也愈來愈大，這正是 1950 年代的臺灣經濟的寫照。如圖四所示：人口依賴度在 1950 年，只是80%，也就是差不多 100 個人生產，180 個人消費。雖然到了 1958 年，生育率降低了，可是出生人數仍然是愈來愈多，所以人口依賴度仍然節節上升，一直等到 1961 年以後，才逐漸下降。1961年的人口依賴度，高達94%。

臺灣人口依賴度的變動，可以用一個數學公式來表示：

$$D=73.4+\underset{(0.301)}{3.515t}-\underset{(0.012)}{0.168t^2}\quad (R^2=0.923)$$

D是代表人口依賴度，t 是年數以 1950 年為基期。這個公式可以相當準確的描述人口依賴度的變動，因為判定係數（R^2）高達 0.923：不必看圖四，我們可以用這個公式來猜測人口依賴度的轉捩點在那裏。譬如說，用微分的方法來求：

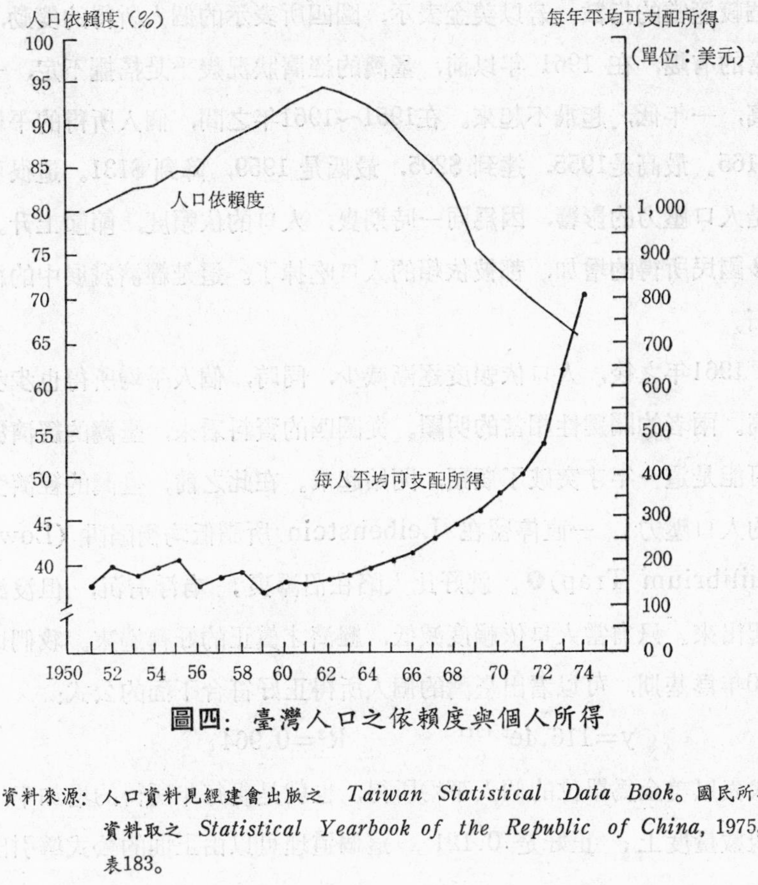

圖四：臺灣人口之依賴度與個人所得

資料來源：人口資料見經建會出版之 *Taiwan Statistical Data Book*。國民所得資料取之 *Statistical Yearbook of the Republic of China*, 1975, 表183。

$$dD/dt = o$$

我們可以計算出，人口依賴度的變動是由低而高，而到了 1961 年左右，轉變爲由高而低。

1961 年在臺灣人口變動的歷史上，是值得注意的一年。從那個時候開始，人口依賴度年年降低。也差不多從那個時候開始，臺灣的經濟狀況年年好轉。經濟狀況的好轉，可以參考許多經濟指數，不過每人平均的可支配所得 (Per Capita Disposable Income) 似乎是一個較適當的指數；若以美金表示，圖四所表示的個人所得的變動，非常的有趣，在 1961 年以前，臺灣的經濟狀況幾乎是搖擺不定，一年高，一年低，起飛不起來。在1951～1961年之間，個人所得的平均是$165。最高是1955，達到 $205，最低是 1959，降到 $131。這很可能是人口壓力的影響，因爲同一時期裏，人口的依賴度，節節上升。許多國民所得的增加，都被依賴的人口吃掉了。這是經濟發展中的絆腳石。

1961年之後，人口依賴度逐漸減少，同時，個人平均所得也步步升高。兩者的關鍵性相當的明顯。從圖四的資料看來，臺灣的經濟發展可能是這一年才突破了瓶頸，開始起飛。在此之前，臺灣的經濟受到的人口壓力，一直停留在 Leibenstein 所謂低均衡陷阱 (Low Equilibrium Trap)❹。就好比人陷在沼澤裏，有浮有沉，但沒法子爬出來。只有當人口依賴度減低，經濟才眞正的好轉過來。我們以1960年爲基期，可以看出臺灣的個人所得正好符合下面的公式:

$$y=116.4e^{0.121t} \qquad R^2=0.964$$

y 代表以美金爲單位的個人平均所得，也就是說每年所得的增加率，在對數量度上，正好是 0.121。這個道理可以由上面的公式導引出來:

$$\ln y=\ln(116.4)+0.121t$$

$$\therefore \ d\ln y/dt=0.121$$

更進一步的說，這個數學公式所代表的意義是：臺灣的個人所得，自從 1961 之後，年年有等比的增加；一年比一年，增加了差不多1.13倍。換言之，每年比其上年，個人所得增加了13%。這麼大規模的經

❹ Harvey Leibenstein, *Economic Backwardness and Economic Growth,* New York: John Wiley, 1957.

濟成長，在世界上並不多見。可以說是經濟發展的奇蹟。當然，這是許多人在許多方面努力的成果；不過，無可諱言的，人口壓力的消除，人口依賴度的降低，也就是勞動力相對的增加，是促進經濟發展的一個重要因素。

這個歷史教訓值得許多經濟落後國家引爲殷鑑。我們談經濟發展，絕對不可能擺脫人口的因素。環顧世界各國，絕大多數的死亡率都在降低。醫學的進步，使傳染病的消除變成了輕而易舉的事。不必靠太多的社會投資，不必靠龐大的醫療經費，也不必靠國民生活的顯著提高；只要向外國購買一些疫苗，就可以根除天花、霍亂、傷寒等等死症，就可以減低一半以上的死亡率。由於死亡率的減低，反而促進生育率的增加。生育率往往受社會價值觀念的影響，不容易也不可能只靠醫學藥品的進步就可以減低的。因之，人口大量的增加。在這種狀況下，人口依賴度也就愈來愈高，經濟起飛變成不可能的了。

臺灣的例子，很顯明的告訴我們：只有當人口依賴度開始降低的時候，我們才可能眞正的談到經濟起飛。當然經濟發展要靠許多條件的配合，可是最初瓶頸的突破，需要人口依賴度的開始下降。就好比任何一個引擎的發動需要電瓶的接觸起火一樣。經濟起飛之後，人口依賴度仍然繼續的降低，俾有更多的勞動力推動經濟的發展。今日臺灣能享受到生活的普遍提高，人口壓力的減低是一大原因。

五、人口變動的預測

將來的臺灣人口成長會是怎麼樣的狀況？這是個大衆關心的問題，需要人口統計學者的努力。當然，有許多研究現象的學者，對於人口的預測，還是抱着模稜兩可的態度。這種看法，其實和一般研究社會科學的人一樣。他們還是腳踏兩隻船；一方面自稱是科學者，一方面又擺脫不了人文主義的包袱。平心而論，若是一門學問眞是能夠稱爲「科學」的話，那一定具有某一程度的預測能力。人文學科注重的是了解，科學注重的是預測，兩者是相關聯的。社會學的開山大師，孔德 (August Comte) 曾經說過一句名言："To understand is to predict." 很淸楚的說明兩者的共通性。我們絕對沒有意思高唱科學萬能，低估了人文學科的貢獻；不過，我們想打破一個觀念：以爲社會科學可以不談到預測的問題。坦白的說，預測的可能性，決定了一個科學的「科學性」。

當然我們必須承認，預測的可能性有高有低。預測一個星球的運動比預測一個社會的變動來得容易多了。談到社會科學的預測，我們必須注意到三方面❺：

第一，社會現象的預測有自我否定的作用 (Self-defeating Mechanism)。譬如說預測某人會當選，結果擁護他的人就不去投票；預測生育率會急速降低，人口沒有問題，結果大家放心去生孩子。當然這個缺陷，並不是說社會科學沒有預測能力。就好比醫生的診斷，以爲某某人得了肝癌，只能活一年，結果那人跳樓自殺了。我們不能因爲結果的不同，就判定預測的錯誤。

第二，對於社會現象的內涵因素了解愈高，對於整個現象的預測能力也愈強。過去對人口現象的預測，最大的毛病，就是只注意整個人口數的增加或減少，然後以此類推；完全沒有進一步去了解，到底決定人口數的因素是怎麼變化。科學的研究，像是剝筍一樣，愈了解

---

❺ 關於社會現象的預測問題，較詳細的討論，請參考 Ernest Nagel, *The Structure of Science: Problems in the Logic of Scientific Explanation*, New York: Harcourt, Brace and World, 1961.

內涵作用，愈能預測外在現象。

第三，社會現象的預測，必須是短期的，避免長期的預測。這個道理是淺顯易見的，所謂短期或長期，隨現象的不同而有差異。氣象學談的短期是一天兩天的，人口學談的短期是十年或二十年的。預測一年後的人口，不必是人口統計學家也會做，預測五十年後的人口，人口統計學家做了也是荒謬絕倫，不值一談。好與壞的預測，是在短期內可以見高低的，今日的人口統計學比五十年前進步，可以由短期的人口預測之準確與否看出來。

當代人口的預測方法，大抵是依據這三個原則演進的。人口學者不再高談長期的人口變動，儘量減低預測社會造成的行爲反效果；最重要的，人口學者的注意力， 不再是預測整個人口數的變動， 相反的，他們集中去研究探討那些人口的內涵因素（譬如生育、死亡、遷移等行爲），這是捨本逐末的方法。因爲他們認爲：只有當這些內涵因素能夠詳細的確定之後，我們才可以談到對於整個人口的預測。

晚近電子計算機的發達，無形的影響了人口的預測方法。複雜的模型，可以很容易的計算出來；內涵因素的變動，也可以用數學方式來表示。最顯明的例子，是矩陣的演算 (Matrix Manipulation)，變成了人口預測的主要工具。許多以前看起來是很困難的問題，經過了矩陣的轉換，可以很容易的解決了。因此，矩陣的運用，變成了人口統計學上不可或缺的常識。我們預測未來的臺灣人口，也是這種方法的應用❻。簡單的可以用底下的公式來表示：

❻ Nathan Keyfitz, *Introduction to the Mathematics of Population*, Reading Mass: Addison-Wesley, 1968, Ch.3.

$$\begin{pmatrix} 0 & 0 & (\frac{L_{15}}{L_{10}}F_{15})S' & (F_{15}+\frac{L_{20}}{L_{15}})S & \cdots\cdots 0 \\ L_S/L_0 & 0 & 0 & 0 & 0 \\ 0 & L_{10}/L_5 & 0 & 0 & 0 \\ \vdots & \vdots & \vdots & \vdots & \vdots \\ 0 & 0 & 0 & 0 & L_{80}/L_{75} \end{pmatrix} \begin{pmatrix} K^t{}_8 \\ K^t{}_5 \\ K^t{}_{10} \\ \vdots \\ K^t{}_{75} \end{pmatrix} = \begin{pmatrix} K_0{}^{t+1} \\ K_5{}^{t+1} \\ K_{10}{}^{t+1} \\ \vdots \\ K_{75}{}^{t+1} \end{pmatrix}$$

這裏面的 L_x 是代表x年齡組合的存活人數，是由生命表計算出來的。F_x 是x年齡組合的生育率。S則是 $L_0/l_0 \times 0.5$，是五年內嬰兒的出生存活率。K^t_x 是在t年度的x年齡的婦女人數。這個矩陣運作所估計的對象是女性人口，男性人口可以用出生時的性比率105%換算出來。

懂得數理統計學的人，一定會知道馬可夫過程（Markov Process）這個名詞。上面這個公式，正是馬可夫過程裏的一個例子，矩陣所表示的是變動機率（Transition Probabilities)。這些機率通常是固定不變的常數。不過運用這個方法來預測臺灣未來人口，我們須稍加修正。依據以前研究的結果，未來的臺灣死亡率的變動幅度不會太大。臺灣的死亡率已經很低，除非將來又有醫學研究的奇蹟發現，或者政府全心全力的投資衞生設備，否則死亡率的變動很少，以1970年所得的資料，來預測二十年的死亡率，大概不會有太大的誤差。

相反的，未來的臺灣年別生育率可能會繼續降低。政府的政策以及一般社會的態度，都是往這個方向走。我們在第三節已經討論過了。有些年別生育率可以用數學公式很準確的來預測，例如 35～39歲的年別生育率，可以用底下的公式來算：

$$G=0.172\times e^{-0.097t}$$

在 1975 年時，G差不多是0.072或72‰。以此類推，我們可以推算出這個年齡組合在 1980、1985 等等的生育率。同樣的，其他年齡組合的生育行爲也可以用這個模型來估計。我們的大膽假設是：今後的年別生育率，會繼續照以前的速度降低。這當然是個樂觀的看法。依據這個看法，到了1990年，臺灣的總生育率(Total Fertility Rate)差不多降低到2.3‰；也就是「兩個孩子恰恰好」的境界。因此，我們更進一步的假設 1990 年以後的年別生育率，不會再降，會停留在那裏。

基於這個假設，我們才可以預測臺灣今後的人口。值得我們注意的，預測的準確完全要靠假設的可能性而定。依據前面的分析，我們沒有理由來否定這些假設的可能性。當然，人口學並不是變魔術。將來的臺灣人口變動，不可能完全和預測的相同 。不過，我們相信，我們的假設是個可以接受的看法，我們的預測也是很有可能產生的結果。

六、未來的臺灣人口結構

根據我們的推測，臺灣的生育率，會繼續的降低。可是「兩個孩子恰恰好」的目標，還是不容易達到，要等到1990年之後，或者可以實現。也就是說，在這個世紀裏，臺灣的人口總數，還是會繼續不斷的成長。在今後的二十年，雖然人口增加的速度會減低，可是人口的壓力，還是有增無減。我們看圖一所表示的預測結果，1975年差不多是16,225,000，與已經公佈的人口登記資料比較起來，預測和事實相差無幾，增加了 150 萬人。1985 年的總人數是 19,173,000，又是另外 150 萬人的增加，到了 1990 年，臺灣的人口突破了 2000 萬人的大關，那一年的人口正好是 20,452,000。

人口壓力的增加，是不可忽視的事實。2000萬人並不是小數目，今日加拿大的人口也不過是如此而已。然而加拿大，每平方公里只有2人而已。2000萬人口，也就是說每平方公里556人。兩者之差，實在太懸殊了。面臨未來的考驗，我們不得不注意到人口的地域分配問題。若是人口能夠疏散，能夠合理的分佈，那麼，人口的密度高也不是一個嚴重問題。我們今後要走的路，可能是在人類的歷史上一個大實驗，是不是我們有本領用自由民主的方式，達到理想的人口的地域分佈？過去我們在人口學創立了一個奇蹟：在所有開發中的國家中我們的生育率降低的最早，速度也最快。至今臺灣成功的例子，還是受到許多國家的注意。今後，我們要解決人口壓力，達到人口的合理分佈，這是另外人口學上的重大課題。在極權專制的國家容易做，可是在自由民主的社會就很困難。

幸而，未來的人口成長，在經濟的意義說來，並不是完全負面的，悲觀的。至少從人口的年齡結構的觀點看，未來的人口成長，對於臺灣經濟，有極大貢獻。我們看圖五，可以發現今後的人口依賴度還是不斷的減低。隨着生育率的下降，人口依賴度也必然減少。1970年，人口的依賴度是76%，五年後，減少到64%。到了1980年，可以低到57%。以後還是會繼續減少，不過變動的幅度不大，到了1990年之後，人口的依賴度可能就不會降低，反而有升高的趨勢。

在前面已經詳細的討論到：過去十多年內，臺灣的人口變動，對於經濟的起飛有極顯明的影響。我們現階段所享受到的經濟發展的成果，主要是受人口結構的變動的恩賜。今後的十年內，人口依賴度的繼續減低，這是值得我們慶幸的。當然，這也須要我們在家庭計劃的工作上繼續投資努力的。否則爲了龍年生子，帶動了整個人口變動的

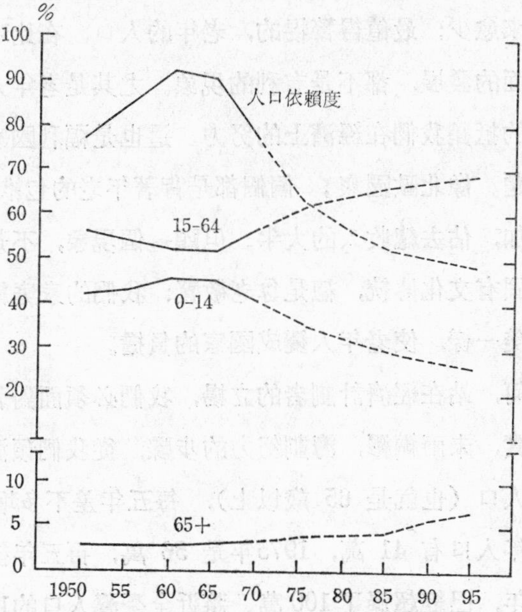

圖五：臺灣人口結構之變動

資料來源見❼

倒流，若是今後的三、五年內，生育率增加了，那麼，我們在家庭計劃的努力也付之東流，人口依賴度不但不減少，反而升高，我們所做的人口預測，也只是痴人說夢而已。

假如今後的生育率，依照我們所預測的，繼續的降低的話，我們的經濟發展仍然是樂觀的。不過我們必須注意：今後的二十年內，已

❼ 人口預測的結果，《是由底下資料計算》而來：
(1) 年別出生率見《臺閩地區人口統計》，1974，表70。
(2) 存活率見內政部與經設會合編之《臺灣地區戶籍人口統計之調整》，1976，表70。
(3) 年別人口數見59年《臺閩地區戶口及住宅普查抽樣調查報告》第2卷，表1。

經不像從前，人口變動的經濟涵義不完全是有利的。人口依賴度降低的幅度，愈來愈少；最值得警惕的，老年的人口，在比率上，愈來愈大。這兩方面的發展，都不是有利的現象。尤其是老年人口的增加，可能會大量的抵銷我們在經濟上的努力。這也是福利國家現在所面臨的一個大難題。像北歐國家，個個都是背著年老的包袱，社會安全稅，年年增加，佔去總收入的大半。但願這個現象，不是未來臺灣的寫照。我們固有文化傳統，總是尊老敬賢；我們的家庭結構，或者不會演變成歐美一樣，使老年人變成國家的負擔。

不管如何，站在經濟計劃者的立場，我們必須面對著今後老年人口增加的事實，未雨綢繆，籌劃努力的步驟，從我們預測模型所得的結果，老年人口（也就是 65 歲以上），每五年差不多增加30%。在1970年，老年人口有 41 萬，1975年是 56 萬，再五年後是 74 萬。到了 1990 年，已經超過了100萬。將近全臺灣人口的1/10，這是一個相當沉重的負擔。現在美國的老年人口，也只不過如此而已，然而他們老年福利的費用，已經是非常頭痛的支出了。尤有甚者，晚近美國老年人政治意識相當的強烈，他們往往可以聯合起來投票，可以左右政客的意向，可以影響許多政策的擬定。可見老年人口膨脹，不僅經濟上有影響，政治上也會多多少少有關聯的。

我們從今後臺灣人口結構的變動，也可以看出許多社會制度的演化。最顯明的事實，莫過於教育制度了。人口的生育率，直接的影響到未來的教育人數，生育率愈高，未來的教育人口就愈高，那眞是百廢待興的光景，學校蓋了一間又一間，永遠不能滿足。可是當生育率降低了，未來的教育人口也就愈少，那是教育行政開始萎縮的時候：蓋了學校找不到學生，老師要大量的裁員，班次要合併，師專訓練出來的人才找不到工作，過去不是科班出身的教員，又已經好不容易爬上了高位，踢也踢不走。像這些教育界的窘狀，古今中外，屢見不鮮。

今後的臺灣教育狀況，正是經濟萎縮的反映。國小和國中的學生人數，一定是一年比一年的減少。我們從人口變動的預測型裏，可以看出，5～14歲的人口（差不多是國小和國中的學生），自從 1965 年以後，繼續不斷的下降。在 1970 年是 400 萬。五年後減低到 390 萬。到了 1980 年只有370萬。這個趨勢，正代表著人口降低可能帶來的經濟變化。若是需求降低，供給也必須降低。過去 1960 年代，為了國中教育的需要，我們大量的擴充師專教育，到處建立師範學校，培養教師人才。如今學生減少了，我們如何去收拾這種供給過剩的局面？這是值得我們教育當局深思的問題。

人口變動的預測是經濟計劃中絕對不可缺少的作業。我們必須擺脫過去社會科學不信任的看法。晚近人口統計學者的努力，已經有相當科學性的結果。雖然不像造橋，發射衛星那麼精密，可是大抵說來，絕對不會相差太遠。若是我們的行政決策，不參考人口變動的趨勢，往往會造成未來的社會問題。若是只抱着「船到橋頭自然直」的態度，我們的社會也就不必談建設，不必想經濟發展了。

附　錄

(一)兩性合計人口之推估

	1975	1980	1985	1990
0-	1,853,992	1,908,175	1,966,301	1,883,588
5-	1,920,004	1,853,754	1,907,930	1,966,049
10-	2,001,163	1,914,439	1,848,431	1,902,451
15-	1,917,731	1,993,872	1,907,035	1,841,381
20-	1,745,114	1,906,313	1,981,994	1,895,673
25-	1,189,786	1,732,146	1,892,146	1,967,256
30-	917,859	1,178,897	1,716,299	1,874,835
35-	898,180	907,130	1,165,137	1,696,272
40-	831,216	884,676	893,482	1,147,630
45-	830,417	812,915	865,446	874,047
50-	673,369	801,150	785,000	836,115
55-	487,117	638,208	759,365	745,152
60-	394,717	445,604	583,507	694,354
65-	259,486	340,279	383,871	502,232
70-	160,171	207,138	270,688	305,019
75-	143,890	190,416	246,802	319,752
TOTAL	16,224,664	17,715,110	19,173,432	20,451,803

(二)男性人口之推估

	1975	1980	1985	1990
0- 4	896,081	922,269	950,363	910,386
5- 9	987,953	896,398	922,596	950,699
10-14	1,029,326	984,682	893,431	919,541
15-19	983,376	1,024,483	980,053	889,231
20-24	893,151	975,862	7,016,659	972,565
25-29	608,506	884,612	966,532	1,006,939
30-34	471,209	601,618	874,599	955,591
35-39	458,392	464,501	593,054	862,149
40-44	448,153	459,065	456,063	582,281
45-49	496,831	436,091	438,253	444,093
50-54	402,132	476,351	418,427	420,212
55-59	281,770	377,466	447,132	392,761
60-64	220,085	253,290	339,314	401,938
65-69	131,691	184,147	211,930	283,907
70-74	75,106	99,779	139,524	160,574
75+	55,915	77,656	103,691	142,314
TOTAL	8,439,690	9,109,267	9,751,614	10,295,177

(三)女性人口之推估

	1975	1980	1985	1990
0-	957,911	985,906	1,015,938	973,202
5-	932,051	957,357	985,335	1,015,350
10-	972,288	929,758	955,001	982,911
15-	934,356	969,386	926,983	952,151
20-	851,963	930,451	965,335	923,109
25-	581,281	847,534	925,615	960,317
30-	446,649	577,280	841,701	919,244
35-	439,787	442,629	572,083	834,124
40-	383,063	434,611	437,419	565,350
45-	333,616	376,525	427,193	429,953
50-	271,237	324,799	366,574	415,903
55-	205,346	260,742	312,232	352,391
60-	174,632	192,314	244,194	292,416
65-	127,795	156,133	171,941	218,325
70-	85,072	107,358	131,164	144,445
75+	87,924	113,059	143,111	177,439
TOTAL	7,784,968	8,605,838	9,421,813	10,156,622

第二章 都市化與人口遷移

一、前　　言

都市社會學是以社會學的眼光來看都市的形成、結構、和功能。廣泛的來說，都市社會學是人文生態學的一部分；其主要的課題，是探討都市環境和人際關係的交互作用。一部人類的歷史，可以看成是環境和人羣之關係的演變。爲了滿足社會的需要，人口的密集是必然的結果；人口的密集，也就是都市的產生。儘管許多人對於「都市」有不同的定義，有的是以心理狀態 (State of Mind) 來解釋，有的是以高樓建築來劃定，但是這些指數的背後，所代表的卻是相同的事實：那就是人口集中的現象。因之，社會學者看都市，總是追根究底，談到人羣的行爲。不是一盤散沙，各自獨立的一些人，而是相互依賴連繫的一羣人；不是街道輻輳，毫無生命的建築，而是有生有氣的衆生百相。

都市化就是人口集中的過程。這是四十多年前提斯德 (Tisdale) 所下的定義，至今仍然被大多數的社會學者所接受。然而，人口的集中是連續的現象，像一道流水，不能一刀兩斷，明顯的確定何者是鄉鎮，何者是都會。任何都市的定義，總免不了武斷，有的以人口 2,500 做單位（在美國），有的以50,000人做單位（在臺灣）；國際之間都市的比較研究就產生了問題，沒有辦法，也不必要去統一化。若是我們一定要確定那一個國家都市化的程度較高，那就失掉了都市研究的意義了，也就是證明我們對於社會事實的不瞭解。

都市的研究，必須是動態的探討，不是靜態的比較。雖然我們免不了要硬性的劃定都市的標準（50,000 人以上就是都市），這或許是武斷的，但是以這些標準來衡量都市的成長，結構功能的變化，那就有意義了。動態的研究，當然並不是容易的事。一個都市的範圍，總是經過了好久的更換，滄海可以變成桑田，前後的比較是很困難的。因此，我們必須武斷的把一個都市的範圍固定下來，然後觀察它的前後變動。

研究上的難題，每一門學問都有，並不是都市社會學才有。有意義的研究，不在乎課題的深淺，最重要的，是靠有心人的深入琢磨。都市社會學在我國不能發展的主要原因，乃是我們缺乏了這方面的研究人才。一般大學裏，我們學的是美國的都市。對於紐約、芝加哥我們很熟，可是對於花蓮、宜蘭我們知道的並不多。固然，科學的研究應該是理論重於實地現象的觀察；不過，這兩者是不能分家的。尤其是社會科學裏，研究的結果，往往會直接的被應用到政策的制定；政策的制定，往往要靠實地的敍述報導，不能只走純理論的路線。政策、理論，和研究，是推動社會科學的三頭馬車。政策是社會科學的應用，也就是說，社會科學裏包含了應用科學；不像自然科學裏，理論和應用已經發展到可以分家了。

這篇文章的主要目的，是描述晚近十年來臺灣都市化的狀況。我們的觀點，是「言之有物」的人口變動，不是虛無飄渺的心理狀態。我們的對象，是臺灣的五大都會，不包括可以介於鄉村與城市之間的小都市。我們的方法，是平鋪直敍的實地研究，不是轉彎抹角的理論探討。當然我們免不了要加插一些都市社會學的理論和政策的建議，但那是實地研究的延伸，不是我們的主題。

這篇文章所依據的資料，是《臺灣人口統計》，每年由內政部(以前是民政廳）搜集出版的。一般說來，概念的定義，資料的編排，還算完整。偶而也有差誤的地方。譬如 1969 年的人口，忽然有顯著的增加，很可能是反映當時普查的準備工作的需要。都市界限的變動，也是我們分析資料時遇到的難題，1967年以前，臺北市只包括了十個區；以後，則加上了臺北縣的四個鎭（景美、南港、木柵、和內湖）和陽明山管理局（士林、北投）。爲了比較上的方便，我們武斷的以1967年以後的界限爲標準。計算以前臺北市的人口，都加上了這六個鎭。

二、臺灣都市的成長

「一府二鹿三艋舺」，這是早期臺灣都市成長的寫照，從1662年開始到 1895 年結束，臺灣的都市發展，大概被臺南、鹿港、和萬華三個地方所囊括。一直到現在，有考古癖的文人墨客，仍然可以從這些地方的斷磚破瓦，看到當年的繁華景象❸。至今，鹿港和萬華已經

---

❶ Hope Tisdale, "The Process of Urbanization", *Social Forces*, 20 (March, 1942), pp. 311~316.
都市的定義的混雜，可以參考：
Jack P. Gibbs (ed.) *Urban Research Methods*, Princeton, N.J.D. Van Nostrand Co., 1961.

❷ 臺灣人口統計的資料，雖然不太完整，可是比許多歐美國家，並不遜色。本文的圖表，由各卷之人口組合、敎育程度、和經濟特徵之統計表計算結果，歡迎讀者查對。

❸ 臺灣都市之發展史料，散見於《臺灣文獻》，《臺灣銀行》季刊等刊物。抒情的報導，請參考施翠峰著：《思古幽情集》，時報文化出版有限公司，民國六十四年出版。

變成了邊疆地帶，臺南市是唯一碩果僅存的。日本人侵佔了臺灣五十年，可以說是加速了前兩個都市的衰亡。

這三個都市的興起，似乎和移民社會有關。三個都市都是海港，分佈在北中南三個地區。奠定了臺灣社會地域的均衡發展的基礎。港口形成了都市，也正是顧里（Charles Cooley）的運輸中斷論的最好說明❹。可是，五十年的日本統治，移民被禁止了，跟大陸的商業關係也受了阻礙，再加上對於港口的水土保持的不良，原來的都市，變成了廢墟。日本人修鐵路的最大貢獻，就是發展了臺灣的內陸都市。臺中市興起了，臺北市和基隆市更不必說，南部的高雄也變成了大都會，再加上苟延殘喘的臺南市，這是我們今日所謂的五大都市。

都市的成長和國家政治脫不了關係的。日本人在臺北建了總督府，於是把原來的臺南府給壓下去了。臺北市變成了全島的最大都會，行政、商業，以及工業的中心。都市的成長，突破了古城門所劃定的範圍。從 1920 年代開始，臺北市年年都在擴張，尤其是政府遷臺後，更是顯著。不過最近十年來，成長的速度似乎有緩慢的趨勢。從1964年到 1974 年，臺北市的人口由 130 萬增加到 200 萬；佔全臺灣的人口，由11%增加到13%。雖然年年不斷的增加，可是它的成長率，還沒有其他的都市高。

我們看圖一，可以發現其他都市的增加幅度，比臺北市大得多。整個大臺北（包括臺北市和臺北縣），所佔全臺灣的比例，在十年之間，由18%直線的增加到22%。尤其是最近五年來，臺北縣（也就是臺北市的郊區）的擴張，簡直是爆炸性的。像永和、板橋等地，在功

❹ 顧里的運輸中斷論，是說明都市起源的一個學說，請參考：
Otis Dudley Duncan et al. *Metropolis and Region,* Baltimore: John Hopkins University Press, 1960.

能上，和臺北市是分不開的。隨著人口的增加，房屋需要也增加，炒地皮的事件也大多數在這些地方發生。

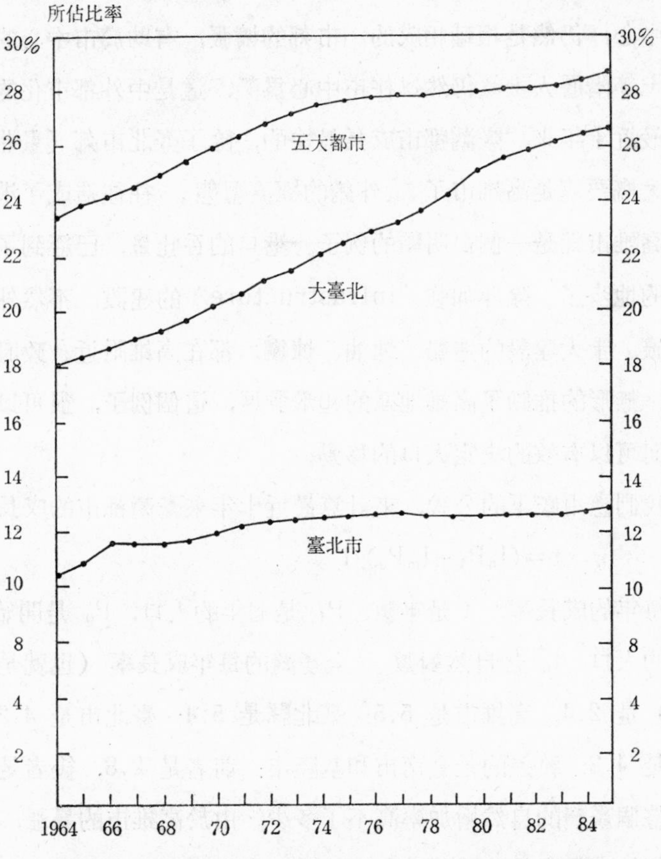

圖一：臺北市，大臺北及五大都市所佔全臺灣之人口比率，1964～1984

郊區的發展，和外國所謂的 "suburbanization" 的現象並不完全相同。臺北市本區的發展，已經快到飽和的狀態，横面的擴張是不太可能，只好向直面發展，建造摩天大樓。相反的，郊區有的是空間，農區可以變更登記，改建高樓。這是臺灣郊區化的特徵，可是在外國，都市中心一直往下坡路走，許多人遺棄了都市，往郊區跑，市郊的繁榮造成市中心的萎縮，兩者變成了對立的現象。在臺灣，市郊和市中心，仍然是相輔相成的。市郊的擴張，有助於市中心的繼續發展；上等階層人士，仍然以住市中心爲榮，這是中外都市化的不同。

最近十年來，臺灣都市成長最快的，除了臺北市郊（臺北縣）之外，大概要算是高雄市了。外銷的經濟型態，往往造成了港口的繁榮。高雄市就是一個很明顯的例子。港口的吞吐量，已經到了無法再擴大的地步了。除非加強"infrastructure"的建設，不然外銷一定受阻礙。十大建設的造船、煉油、煉鋼，都在高雄附近。政府的大量投資，無形的推動了高雄地區的起飛發展，這個例子，很可以說明政策如何可以有效的決定人口的移動。

我們應用底下的公式，來計算最近十年來臺灣都市的成長：

$$r=(l_nP_t-l_mP_0)/t \qquad (1)$$

r 是每年的成長率，t 是年數，P_t 是七年的人口，P_0 是開始（Oth 年）的人口，l_n 是自然對數。全臺灣的每年成長率（也就是自然增加率）是 2.4。高雄市是 5.5；臺北縣是 5.4；臺北市是 4.2；臺中市也是 4.2；較差的是臺南市和基隆市：前者是 2.8，後者是 2.5。比起整個臺灣的自然增加率高不了多少。由於高雄市的暴漲，五大都市的每年成長率是 4.2，比起自然增加率高多了。十年前，每 100 個臺灣人口，有 23 個住在五大都市裏；十年後，就增加到 28 個。人口的大量集中，也就是臺灣現代化的一個特徵。

三、都市的階層

都市的成長有高有低，都市的範圍有大有小。因之，都市之間也有階層的差別，就好像人羣社會一樣。都市階層的劃分，都是以人口的多寡爲依據的。因爲都市的功能愈高，人口就愈多；都市的結構愈複雜，人口也愈多。人口的多少，變成了許多內含現象的指標。人口的多少，也決定了都市的大小。我們若是以都市的規模 (size) 當做一個變數，都市的名次 (rank) 當做另外一個變數；這兩個變數之間，有極微妙的關係，可以用"Pareto Equation"來表示:

$$S=ae^{-br} \quad (2)$$

這裏的 S 是都市的規模，r 是都市的名次，e 是 2.71828，a 和 b 則是常數。都市的名次愈高，都市的容量就愈小，名次和容量是個相反的關係；兩者之間，有一定的常數 a 與 b 存在。若是一個都市的成長愈快，它的名次就愈低，它的容量也愈大。

圖二所表示的是 1974 年臺灣都市之間的階層關係。都市的平均分佈，由區域計劃的觀點看，是個大原則，是個理想境界。每個國家都想達到都市化的均衡發展。不能讓一個都市的發展，壟斷了整個都市化的過程。因爲壟斷往往帶來危機，經濟如此，政治更是如此。一個政府若是只靠一個都市而生存，政權集中在一個都市，經濟也由這個都市操縱；那麼，這個政權就會相當的不穩定。

都市的均衡成長，用數字表示，應該是圖二裏的直線關係。也就是說，我們承認都市之間有階層的存在，但是階層的分配應該是合理的；隨著名次的降低（或升高），都市的大小也應該是均勻的增加（或減少）。以自然對數圖表示，這是一條直線，依據 1974 年的資料，這條直線的"intercept"，應該是 $a=1.39\times10^5$，它的 slope，應該是 $b=0.226$。常數是代表著最大都市的極限。換句話說，若是臺灣都市的成長是完全均衡的，臺北市在 1974 年的人口，應該低於

140 萬。然而事實並不如此。其實臺北市在那一年已經突破了200萬的大關，可見臺灣的都市化，還是相當的集中在幾個點上，而不是全面的增加。這是值得我們注意的。

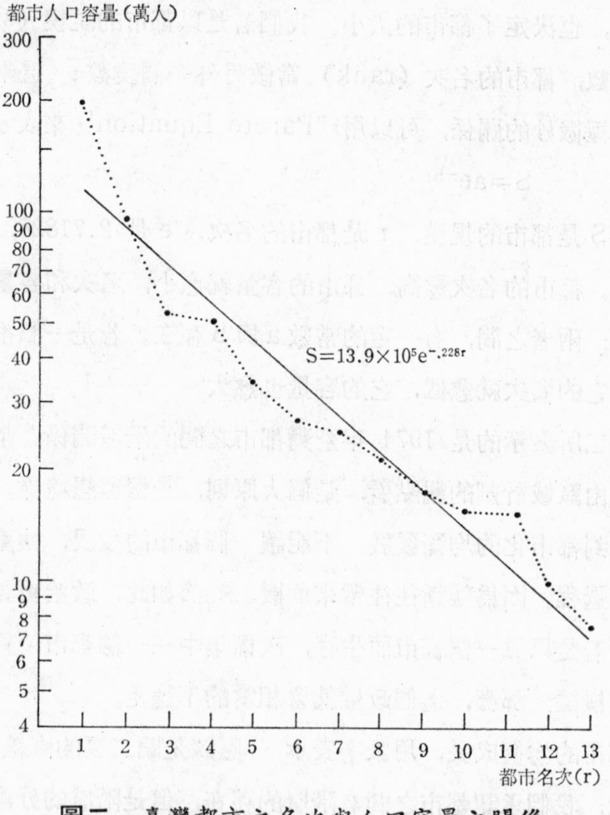

圖二：臺灣都市之名次與人口容量之關係

都市成長的不均，是少數都市過份發展的結果。理論上說來，一個都市的名次，升上一級的話，它的人口總數，應該只增加1.25倍，舉例來說，宜蘭市是臺灣的13個都市當中排名最後的，它的容量（人口）是 75,000。花蓮市的排名是第 12，它的容量在理論上應該是宜蘭市的 1.25 倍，也就是 94,000。事實上花蓮市的人口是 99,000，兩者差不了太多。這個原理是根據底下的公式：

$$b=dlns/dr \qquad (3)$$

d 是代表微分的符號。若是我們用 S_1 和 S_0 來表示都市的大小（容量）的變動。也就是：$\triangle S=S_1-S_0$，那麼，我們可以由公式 (3) 導引出下列的結論：

$$S_1/S_0=e^b \qquad (4)$$

在1974年，b 的數值是 0.226。換句話說，若是都市的名次升一名，都市的容量（人口）也跟著增加 1.25 倍。

圖二顯示出事實與理想的差距。直線代表著均衡成長的理想，曲線則是眞正成長的事實 。 由這個圖表 ， 可以看出臺北市和高雄市是兩個過份成長的都市。理論上，臺北市應該只有 110 萬，實際上它有 200 萬。同樣的，理論上高雄市應該是 88 萬，實際上它有 97 萬。其次的中型都市，如臺中、臺南和基隆，遠遠的低於理論上的人口容量。譬如臺中市應該是 71 萬，事實上只有 51 萬。由此可見，臺灣都市的成長有待修正的必要。臺灣是個兩極都市化的社會，一南一北過度的膨膨；其他的地區，（尤其是中部和東部），相對的萎縮。眞正可以算是大都會的 (metropolitan)，只有臺北市和高雄市。兩者都超過了百萬大關。這兩個大都會，吸收了大量遷移的人口，也造成了嚴重的都市間的階層化。若是爲了緩和都市成長的不均，今後的都市計劃政策，必須注意這個問題。

都市社會學者，喜歡用「首要都市」(Primate City) 一詞來形容殖民地社會裏的都市化現象。因爲在殖民地，政權都集中在一個點上。管制比較方便；在這點上，殖民老爺們，進可以攻，退可以守。爲了爭取社會地位，當地的英雄豪傑也聚集在這一點上。無形中，整個社會的都市化，變成了一個都市的成長而已。日據時代的臺北市，就是一個明顯的例子。在東南亞，在非洲，這種例子到處都是：一個首要都市，佔了全國都市人口的90%。誰控制了這個都市，誰就當了霸王。於是八方風雨會中州，各路英雄都想征服羅馬城。首要都市的存在，造成了政治的不安。這是殖民政策的禍果。

幸而臺灣的首要都市的現象並不嚴重。整個大臺北，也只佔了全臺灣都市人口的40%左右。近十年來，高雄地區的興起是個健康的現象，可以分擔了都市化的壓力。同時，今後臺中港的發展，更進一步的加速中部地區的都市化；使臺中市成長爲鼎足而立的第三個大都會。其實，這個跡象已經開始顯現了。在 1960 年代，臺南市還是臺灣的第三大城；在 1970 年代的初葉，臺中市已經迎頭趕上，取代了臺南市。我們可以大膽的預測，未來 90 年代，將是臺中市成長的輝煌時期。

四、都市與鄉村的分配問題

都市的成長是鄉村的損失。古往今來，社會行政者一直想法子達到都市與鄉村的合理分配。但是，有些人卻抱著悲觀的看法。中古時代的社會思想家 Ibn Khaldum，以爲都市和鄉村總是對立的，衝突的❺。人類歷史的演變，是都市與鄉村不斷的衝突。鄉村的文化，終究會征服了都市的文明；然而，自已又會被都市文明所同化了。接著而來的，又是另外一個鄉村文化的興起、征服和消失。一代又一代，

❺ Ibn Khaldum 的學說，在許多社會學理論的書上都被提及，例如 Don Martindale, *Nature and Type of Sociological Theories*, New York: Haper and Row, 1960.

循環不停。

這個理論的基本錯誤，是過份的強調都市與鄉村的區分。在中古時代，都市與鄉村的分別或許是相當的明顯的，用城牆圍起來的就是都市；沒有城牆的就是鄉村。兩者之間，功能的區分非常的明白，就好比是主人和奴僕一樣。可是，到了工業文明的產生，都市和鄉村的分辨就很難了。都市的產生，如雨後的春筍，鐵道公路的轉接站，往往形成了都市；自然資源可以開採的地方，往往吸引了人口的密集；其他的，像行政中心，宗教中心，這些工業化前的都市（Pre-industrial Cities)，在工業化之後，更是大都會的溫床。若是照晚近幾百年的人類歷史看來，都市化只有增加，沒有減少。未來的農村，就是未來的都市；兩者不是對立的，而是合一的。

都市化像是浪潮的衝激，慢慢的侵蝕岩岸，不知不覺的蔓延著，鄉村的人口，愈來愈少；都市的人口，愈來愈擴張。都市化，起先只是點的，到後來變成面了。我們不難看出，三十年後的臺灣，60%的人口會集中在都市裏。現在的都市人口（包括縣轄市）已經佔了總人口的40%了。每五年，比率上增加了大約 3 %左右。除非有重大的變動，這種趨勢是一面倒的，不太可能轉移的。

有些人不願意看到都市的膨脹，他們總是憧憬著兒童時代的野花古木；對於代表著工業文明的高樓大厦有說不出的厭倦。可是，事實上都市人口的增加，不一定就是鄉村文化的破產。如何緩和的疏導這個變動，這是我們大家值得思考的問題。依據種種的可靠的資料看來，臺灣都市化的加速，無疑的是個衆所目睹的現象；然而非都市地區的萎縮，並不明顯。相反的，我們可以大膽的說，晚近十年來臺灣的都市化，反而促進了農村的繁榮，減低了都市與鄉村之間的差距。

因爲臺灣的所得資料，不太準確，也不適合用做時間數列的分析；我們只好依靠一些間接性的指數來推斷。我們所用的資料，是人力資源的兩個指數：教育人才和就業形態。這兩個指數，或多或少，和現代化和經濟發展有關。教育資源是指超過九年教育（也就是高中或高職肄業以上）的成年人（15歲以上）。在1974年，全臺灣有136萬人可以算是符合這個標準；其中，24%居住在臺北，42%居住在五大都市。可見教育資源的集中，比較人口的集中還嚴重。臺灣的人口，每100個人，只有13個住在臺北，28個住在五大都市。教育資源的集中，是都市的現代化和經濟發展的主力。也可以說，由於人才的集

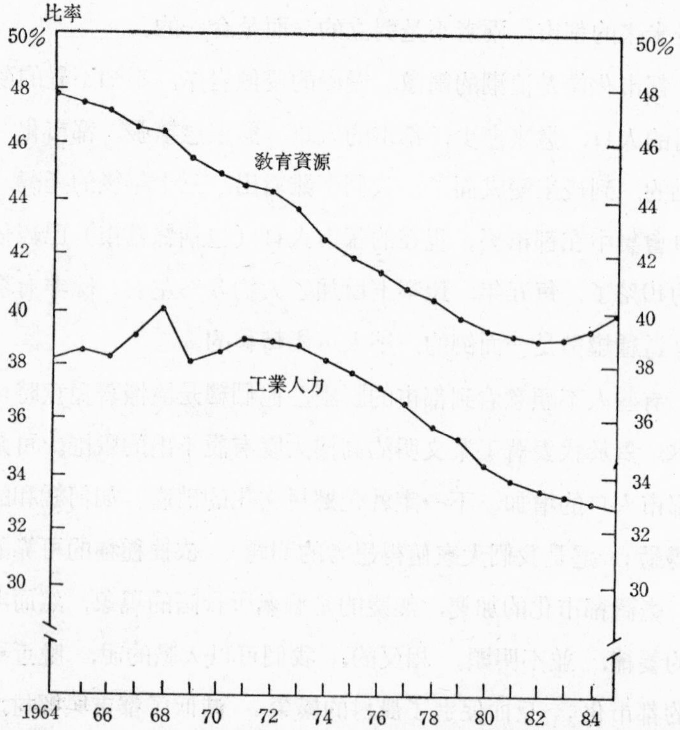

圖三：五大都市所佔臺灣之教育資源及工業人力之比率

中，造成了地區之間分配的不均。

從圖三可以看出很明顯的現象：人才的集中在五大都市，最近十年來一直在減低。1964年，有48%的教育資源，聚集在五大都市。可是到了 1974 年，降低到了42%。十年之內，降低了 6%。這是一個可喜的現象。行政者整天在喊叫著人才下鄉。只是口號是沒有用的，必須有具體的政策；最近十年來，政策上似乎有了轉變。鄉村的發展代替了以前的落伍。雖然人力還是往都市跑，可是教育資源卻有了倒流的現象。我們不敢確定是否人才仍然白天在都市工作，只是晚上居住在市郊而已。不過，我們敢斷定，至少近十年來，人才集中都市的現象，絕不會比以前嚴重。

工業人力是另外一個有意義的指數。它可以用來測量一個地區工業化的程度。所謂工業人力，是指從事非農業的人口。一個地區的經濟發展愈高，最顯明的例子，就是非農業的人口的增加。都市化和工業化往往是携手並進的。都市人口的膨脹，也就是農業勞力的減低，非農業人力的增加。用這個變數來衡量臺灣的社會變遷，這是再恰當不過的了。

一般人總以爲：既然臺灣的人力近年來不斷的集中到都市去，那麼，工業人力不斷的集中都市也是必然的現象。事實上，這個觀念是錯的。圖三顯示出十年來五大都市所佔的工業人力的比重的變動，大抵的趨勢，是往下走的。隨著都市人口的增加，都市的工業人力卻是逐漸的降低。1964年，全臺灣的工業人力，有38%集中在都市裏；十年之後，都市的比重，卻只佔了36%。由此可見，工業人力的集中化已有了緩和的現象，都市逐漸的放棄了壟斷工業人力的特權。雖然降低的幅度不大，但這這個趨勢是存在的。

綜合兩種統計資料所表現的事實，我們可以斷定，臺灣都市化的過程，有極特殊的意義：一方面，都市人口不斷的增加，慢慢的吞蝕了鄉村的人口，另一方面，鄉村的現代化和工業發展，已有了迎頭趕上的現象。雖然鄉村人力的比重減少了；但是鄉村的工業發展的比重卻提高了。這是個値得注意的現象。許多社會科學家總以爲，工業發展和社會不均是現代化的孿生子，不能分開的❻。工業的發展，往往導引了人口的大量集中，也就形成了都市的過分發展，鄉村與都市的差距就愈來愈嚴重了。事實上，在現階段的臺灣社會，這個理論被否定了。雖然人口仍然大量的集中都市，可是，由於社會經濟政策的改變，平衡的區域發展已經走了第一步，鄉村與都市的不均分配，不但沒有更嚴重，反而有了改善。

五、區域間的人口遷移

人口的遷移是地區的社會變動的作用力，也是反作用力。人力的增加，促進了地區的發展；人力的減少，帶來了地區的萎縮。同樣的，繁榮的地區，吸引了外來的移民；落後的地區，驅走了年輕力壯的土著。何者爲因，何者爲果，這是很難決定的，必須要加上第三個因素（譬如時間概念）的考慮，才可以推斷。至少我們表面上所瞭解的現象：兩者的關係是相輔相成、交互作用的。

古往今來，不少的行政者想盡了法子，軟硬兼施，要達到地區間人口的合理分配。成功的例子並不是沒有，只不過是非常的緩慢。古人所謂「水往低處流，人往高處走」。不管那一個時代，那一個社會，都市的吸引力永遠是存在的。文人的下放，宮女的和番，都是往

❻ Simon Kuznets, *Modern Economic Growth,* New Haven: Yale University Press, 1966, Ch. 4.

低處走的例子。從長遠的歷史看來，這些政策、作法，對於邊疆地區的開發，都是很有意義的。可惜在一般人的觀念裏，還是以居住都市為榮。現階段的臺灣都市化，仍然是火熱的時候。並沒有像歐美的社會一樣：捨棄了市區，往郊區遷移的現象。

研究人口遷移，最常用的估計法，就是人口學者所謂的存餘率法 (Survival Method)。可以用簡單的公式來表示❼：

$$M=P_t-(N_t/N_0)P_0 \qquad (5)$$

M是代表淨遷移的人口，0是基期，t是年期，N是全國人口，P是地區人口。這個公式是計算每一個年齡組合遷移的結果，有正有負。所有的年齡組合加起來，就是整個地區的淨遷移人口；若是除之於該地區的前後人口（在基期和t期的人口）的平均數，就是淨移率了 (Net Migration Rate)。

圖四是應用這個公式計算的結果，說明了臺灣地區之間人口遷移的狀況，很明顯的表示出都市化所造成人口的流動。除了基隆市外，五大都會是人口遷移的終點，像是萬流歸宗，其中以臺北縣（即是臺北市郊）的增加，最為顯著：五年之內，人口淨長了15%。其次是高雄市，臺中市和臺北市，淨長了10%左右。再其次算是輻射地帶，接連臺北縣的桃園縣，高雄市郊的高雄縣，也都是人口遷移的吸收地。這個現象似乎告訴我們：臺灣的都市已經很快的向外蔓延。大臺北是由北向南擴散，大高雄是由南向北推進。另外，臺中市本區也在成長。這是臺灣都市化的模型：由三點擴散，將來可能是三個大都市的社會，與百年前的「一府二鹿三艋舺」相比美。

❼ 存餘率法見 Henry S. Shryock and Jacob S. Siegel, *The Methods and Materials of Demography*, New York: Academic Press, 1976, Ch. 21.

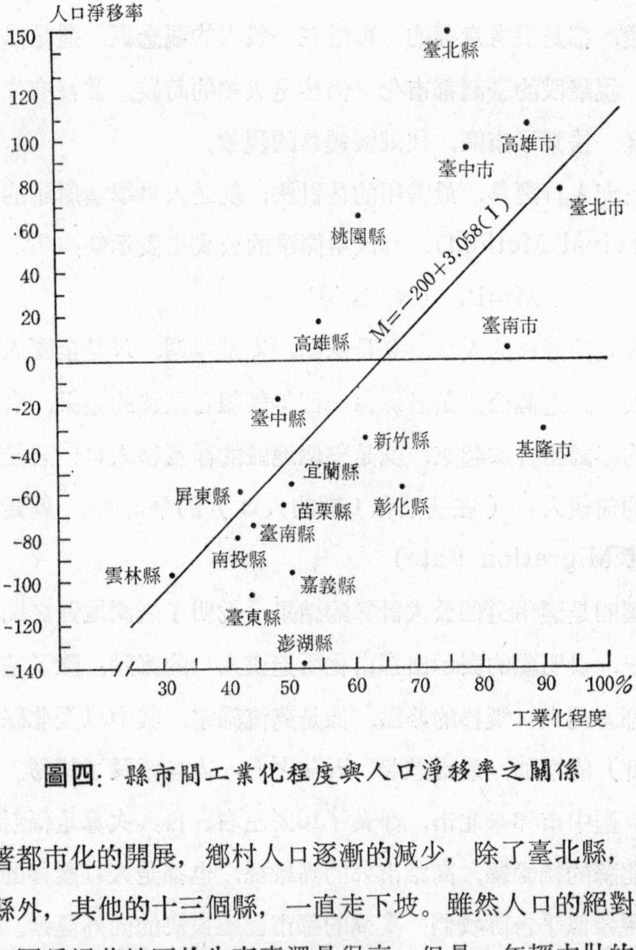

圖四: 縣市間工業化程度與人口淨移率之關係

隨著都市化的開展，鄉村人口逐漸的減少，除了臺北縣，桃園縣和高雄縣外，其他的十三個縣，一直走下坡。雖然人口的絕對值還是增加的，因爲這些地區的生育率還是很高；但是，年輕力壯的人口卻相對的萎縮了。尤其以澎湖縣最厲害，五年之內喪失了14%的人口。雲林、嘉義和臺東也都減少了10%左右的人口。澎湖的衰落，幾乎是個傳統，因爲地理環境並不優越的緣故；自從十七世紀以來，澎湖一直就是大陸來臺移民的跳板，不是永居的地方[8]。然而雲嘉平原的沒落，大概是人爲因素比天然因素大。在日據時代，這個現象並不嚴重；最近十年來，政府的政策可能太重視重點的發展，忽略了對雲嘉一帶的投資建設。這是值得我們警惕注意的。

工業的投資建設，往往決定了人口的移徙模式。雖然遷移的行爲，受著許多外在因素的影響，然而工業化可能是最重要的因素。我們可以用迴歸方程式來說明：工業化對於臺灣的二十一縣市的決定力是很大的。

$$M=-200+3,058I(0.656) \quad (6)$$

M是 1969 至 1974 年之間的地區淨移率，I是 1969 當年的各地區的工業化程度，也就是工業人力佔全勞工人口的比率。括弧裏面是所謂的標準誤差 (Standard Error)；也就是說，這個方程式代表著極可靠的估計結果。迴歸係數是 3.1。標準誤差只是 0.7，兩者差不多是 5：1。自變數與依變數之間的相關係數是 0.73，相當的高了，證明了我們的假設：臺灣地區間的人口遷移受了地區的工業化很大的影響。

除了工業建設之外，其他還有許多因素影響到人口的遷移。我們很難，也不必要一一的推定。所謂因果關係的本義，就是要找出較重要的因果，以便政策的釐定。若是我們沒有本末輕重的觀念，以爲每一樣因素都重要，那麼我們只好紙上談兵，搞玄學遊戲，談不到社會科學的發展了。

從理論上推斷，影響人口遷移的因素，除了地區的工業化之外，

---

❽ 日據時代的臺灣人口遷移狀況，請參考筆者所著：
"Migration Differential in Taiwan: A Comparative study", *Jonrnal of Developing Areas*, Vol. 6, January, 1972, pp. 227～238. "Migration and Regional Development in Taiwan", in A. H. Richmond and D. Kubat (eds) *Internal Migration*, London: Sage Publications, 1976. pp. 82～102.

可能是地區的生活品質。生活品質高的地方，也就是一般人趨之若鶩的所在。當然生活品質並不是很容易測量，既然是「質」的問題，任何量化總免不了武斷。晚近的社會科學的研究，很重視生活品質的測量問題❾。衆說紛紜。不過，在我們看來，一個地區的生活品質，似乎可以由當地的人口死亡率測量出來；而且，死亡率有種種的算法，其中尤其是嬰兒死亡率最能表現出一個地區的生活型態。知識水準高，生活安定，講究衞生環境，都表現在嬰兒死亡率的高低。因此，以嬰兒死亡率當做生活品質的指數，似乎是勉強可行的。

加上了這個第二自變數，我們獲得了底下的多項迴歸方程式:

$$M=-69.66+2,514I-4,660Q \qquad (7)$$
$$(0590) \quad (1,622)$$

Q就是嬰兒死亡率，也就是生活品質高低的指數。這個方程式的可信度很高。所謂「決定係數」（Coefficient of Determination）高達0.68。也就是說，我們用地區的工業化和嬰兒死亡率來解釋人口的遷移，有68％的機會我們的推斷是正確的。這無疑是值得欣慰的事實。也就是說，我們若要改變人口遷移的方向，要建設一個均衡發展的臺灣社會，那麼，我們就應該從地區的工業化和衞生環境的改善著手。抓住了這兩個重點，就很容易的可以達成我們政策的目標。

六、結　論

這篇文章討論了四個相互關聯的問題：臺灣近十年來都市成長的

❾ Quality of life 是個最近很時髦的概念。社會科學家一直想建立一套社會指數來測量生活品質。晚近的發展，請參考：Kenneth C. Land and Seymour Spilerman, *Social Indicator Models*, New York: Russell Sage Foundation, 1975.

趨勢，大小都市之間的階層結構，都市與鄉村的分配問題，以及區域之間人口遷移的狀況與決定因素。當然這裏所討論的並不是臺灣的都市社會學的全貌；還有許多重要的問題值得我們去思索，去進一步的研究。不過，這裏所談到的問題，似乎不僅是氣象地理似的報導；站在都市社會學的立場看，這些問題代表了研究、理論，和政策三方面的整合。有些結論，是值得行政者參考的。

爲了瞭解的方便。我們把這篇文章的結論，粗枝大葉式的列舉出來：

第一，臺灣的都市化，正在加速的成長。差不多全臺灣的人口的30%，居住在五大都市裏。人口集中的現象，有增無減。是不是應該緩和這個趨向？而且，如何應付這個問題？這些都是都市社會學的主要課題。

第二，臺灣的都市化，至今仍然是兩極的發展。臺北位於北部，高雄位於南部；這兩個都市，吸引了絕大多數的人口遷移。爲了達到全面的發展，政府應該大量的投資中部和東部兩地區。讓臺中市和花蓮市也可以形成大都會，整個臺灣可以由四個點來發展。

第三，地區的開發，並不只是交通建設而已。臺中港的建造，北迴鐵路的修築，都是值得讚揚的；但是交通建設只是開始，不是結果。許多人口學的研究報告指出：交通建設的結果，只是便利了鄉村人口的加速往都市跑，對於鄉村的發展並沒有益處[10]。行政者應該注意到這個問題；所謂政府的投資，並不僅是建築港口或修鐵路而已。

---

[10] 討論到人口遷移和都市政策，有兩本書值得參考：
Brinley Thomas, *Migration and Urban Development*, London: Methuen Co., 1972.
Daniel P. Moynihan (ed.) *Toward a National Urban Policy*, New York: Basic Books, 1970.

第四，臺灣的都市化，已經開始由點的發展，進入到面的擴散。臺北縣、桃園縣、和高雄縣是僅有的三個鄉村地區能夠吸收遷移的人口；其他的十三個縣，年年都有大量的人口移出。可見都市化已經由市中心向市郊推廣。雖然所謂面的擴散，大部分只是限於臺北高雄兩地，但是這是個健康的發展，值得更進一步的鼓勵，以達到全面的都市化。

第五，人口的集中都市，在未來的十年內，可能會繼續的加速。人口集中所造成的壓力，有待都市行政者的努力疏導。幸而近幾年來，經濟資源集中都市的現象，已經有了緩和的趨勢。五大都市壟斷全臺灣的人才和工業勞力的局面，已經開始鬆懈了。許多知識產業，許多現代工業，已經逐漸的向鄉村發展，因此，都市與鄉村的差距，較十年前稍微的縮小。這是社會建設的成就，值得稱讚的。

第六，區域的開發，轉變了人力遷移的方面。兩者互爲因果；在社會發展政策上，是個千頭萬緒，很難下手的死結。不過，依據我們的研究結果，似乎由工業發展和衞生設備兩條路著手，比較其他方法有效多了。工業區的設立，應該配合區域計畫，側重在中部和東部地區，選擇適當的鄉村地點。衞生環境的改善，也值得政府大力的投資鼓勵醫院設備的普及化，推動和加強鄉村的醫療服務，以便提高全民的生活品質。由這兩方面努力，會有效的轉移人口集中都市的現象，達到均衡的區域發展的社會建設目標。

第三章　少年犯罪與人口結構的變動

一、前　言

生活品質 (Quality of Life) 是晚近社會科學家很熱心討論的一個問題。提起生活品質，一般人總以為是屬於衞生保健的問題；也有人認為那是科技發展所造成的社會問題。不錯，這些都是為什麼「生活品質」這個現象愈來愈被重視的原因。然而，生活品質是多方面的；其中最重要的一方面，可能是生活的安全問題，也就是如何使社會中的人羣可以有免於恐懼的自由。

尋求安全是社會學家湯麥斯 (W. I. Thomas) 所謂人類的四大基本需要之一。這種需要在開發中的國家更是迫切。當一個社會向現代化邁進的時候，傳統的組織結構趨於崩潰，新的行業模式又才開始萌芽，一般人處於迷惘 (anomie) 的狀態中，生活覺得毫無保障。過去的一代，生活安全有問題，總是可以靠父老兄弟出來解圍救濟；現在的一代，完全要靠自己，社會的問題又特別多，政府機構無法保護到每個人。在這種處境下，安全問題可以說是開發中國家最嚴重的社會問題，比空氣的汚染，比稀有動物的絕跡，比個人所得的減低，更能危害生活的品質。

少年犯罪是人類社會的老問題，但也是現代化過程中的新問題。

傳統社會講求的是「安定」，任何風吹草動，都有可能破壞現行的制度，因此，對於青少年的教育是壓制的方法，使容易衝動，鬼頭鬼腦的年青人不致於像脫繮之馬，失去了控制。現代社會講求的是「進步」，一切在變，日新又新，個人的創造力極受社會的鼓勵。因此，對青少年的教育是自由放任的方法，使有幻想有獨見的年青人可以貢獻國家，推動社會的發展，這樣的社會才能在國際上佔一席位。然而，年青人的好處也就是他們的壞處，何況年青人當中也是良莠不齊，往往產生了許多反功能的結果。

少年犯罪的研究一直很受社會學家的重視，其主要原因有二。首先，少年犯罪是一切犯罪的成長時期。雖然有些人犯罪是偶發性的，忽然性的，但是大部分的成年犯都有很長的犯罪歷史，所謂「冰凍三尺，非一日之寒」，他們往往在少年時代就有犯罪記錄，一直是在法院、監獄、派出所進進出出的。若是我們能在這犯罪的萌芽時期開始治療與輔導，那麼，整個社會就可免受許多災害。其次，少年犯罪是比較大衆化的，成年人的犯罪比較嚴重，但也比較專門，譬如貪汚官吏的危害，職業流氓的殺人放火，可拖垮整個社會，但對於老百姓並沒有什麼切身之痛。然而少年竊盜犯，隨時可以光臨每個家庭，偷雞摸狗的勾當偶而也會演成殺人越貨的慘劇，他們的對象往往是不認識的陌生人，你我都有機會受青少年犯的光臨。

這篇文章從人口統計學的觀點來分析臺灣少年犯罪的問題。當然，犯罪的統計資料一直是社會科學上的難題，因爲犯罪本身的定義就是非常武斷的；公子少爺偷開人家的汽車，卽是好玩；窮人子弟偷一隻雞就是少年犯，兩者的界限隨著社會環境而不同，何況警政人員也各有自己的看法❶。不過，我們絕不可因噎廢食。任何一門學問，任何一種統計資料，都有它的缺陷。除非我們可以確定某種資料是完全僞造，不值得採信，否則斷簡殘篇也有值得研究的地方。有點兒統計知識的人，一定知道美國的犯罪資料既不完整又不精確，比起臺灣實在是差多了，但是這並不阻止一般人對犯罪統計的注意。

本文所要討論的主要題目是：

(一)介紹社會學對少年犯罪行爲的理論。

(二)探討臺灣少年犯罪的嚴重程度。

(三)描述少年犯的人口結構。

(四)分析少年犯的犯罪動機。

(五)解釋少年犯罪現象的變動。

二、少年犯罪的研究理論

社會學研究的傳統對象，一直是反功能性的問題，這是和經濟學很不相同的地方。有一位著名的經濟學者曾給社會學與經濟學的差異下了一個很有趣的結論：經濟學研究的是一般人爲什麼這樣做(Why they are)？社會學研究的是爲什麼不這麼做(Why they are not)？譬如說，生存競爭，自求多福，這是經濟的行爲，可是卻有的人不願意活下去，輕易的否定了自我的存在。從經濟學的眼光看，自殺是最不划算的行爲，但卻有許多人願意這麼做。爲什麼呢？這是社會學者很感興趣的問題。

犯罪就是反功能的行爲，這也就是爲什麼犯罪學是社會學的一部分的原因。許多犯罪學家是警務出身的，受過法律學的訓練，他們大

---

❶ 警政人員習慣於個案的處理，較難接受新的概念。筆者有一次訪問某警政主管，請教少年犯罪現象變動之原理，他的答案是：警察多，工作努力，捉的犯人就多，犯罪率就高。事實或許是這麼簡單也說不定。

多偏重實際業務，他們注重的往往是個案，往往是法律條文的詮釋，沒有顧及行爲的整體性；眞正談到犯罪理論的基礎，他們不得不走社會學這條路，從社會學的觀點看人際關係，以便了解犯罪的行爲根據。

傳統的社會學理論，是以結構決定論的眼光來看犯罪行爲。少年犯罪產生的原因，主要是生長環境的影響，而不是生物或遺傳的。這個觀點在人類歷史上是個大革命。幾十年來，我們總以爲犯罪完全是受生物因素決定的。古代的相命之學就是建築在這個理論基礎上。一個人爲什麼犯罪？那是因爲「腦有反骨」，因爲臉上多了顆痣，因爲……這些解釋自從社會學出現後就煙消雲散了，變成了無稽之談。結構決定論的看法就是把犯罪看成是一種社會行爲，是社會化過程的一部分。所謂「近朱者赤，近墨者黑」，社會是個大染缸，在什麼樣的環境就塑造什麼樣的人格，什麼樣的犯罪傾向。把這個觀念系統化的表示出來的是蘇熱南 (Edwin Sutherland)，他在 1930 年代提出差異牽連論 (Theory of Differential Association)，把犯罪看成是個人所屬的初級團體的象徵❷。他的論點有五：

(一)任何型態的犯罪都是經由學習而來。

(二)學習的過程最有效的是初級團體的參與，其他經由大衆傳播等方式形成一些態度、動機，以及自我解釋的根據。

(三)行爲往往受團體規範的約制，可是有些團體規範本身就容許不良行爲的存在 (如紅包賄賂)。

(四)一個人是否犯罪依其接受團體規範之程度而定。

---

❷ Edwin H. Sutherland, *Principles of Criminology*, Philadelphia: Cippincott, 1947.

(五)犯罪往往是個人或團體需要及價値的表現。

晚近的社會學家顧勞與歐林 (Cloward and Ohlin) 提出差異機會論 (Theory of Differential Opportunity) 是對於蘇熱南的理論更進一步的說明。他們認爲犯罪仍是一種社會問題，不是完全由學習而來。譬如住在人口稠密的都市，犯罪的可能就高，住在偏鄉僻壤，就很少有犯罪的機會。他們的結論是:「假如一個社會環境少有不法的結構，那麼犯罪的次文化就很難成長起來；反言之，假如一個社區中強力是攫奪地位的主要方法，那麼青少年參與不法行爲的可能就很高了❸。」

除了結構決定論，另外一個社會學理論也常常用來解釋少年犯罪的現象，那就是文化衝突論。這個理論是把犯罪看成是兩種文化衝突的結果。在犯罪學的古典著作當中，最早可能是1920年代錫林 (Sellin) 的著作。他認爲犯罪往往是不同的文化定義所產生的，譬如說「偸書」這件事，對於年輕的學生來說，以爲不擇手段的追求知識應該是高貴的，這是學生次文化中的價値觀念，因此，圖書館的書可以拿回家，書店的書也可以拿回家；可是，事實並不然，不管偸的東西是什麼，書也好，黃金也好，都是竊盜行爲，都該坐牢。因爲文化觀念的不同，而產生的犯罪行爲，在移民的社會中最容易看出來，這也就是當年錫林提出文化衝突論的根據❹。當年中國人在美國抽鴉片就是一個例子，呑雲吐霧本來就不是妨害他人安全的事，可是整個社會卻把它看成犯罪行爲。

---

❸ Richard A. Cloward and Lloyd E. Ohlin, *Delinquency and Opportunity: A Theory of Delinquency Gang,* New York: Free Press, 1960, p. 150.

❹ Thorsten Sellin, *Culture Conflict and Crime,* New York: Social Science Search Council, 1928.

標貼論 (Labeling Theory) 是最近犯罪學的理論當中最盛行的一種看法。其實標貼論與文化衝突論有相當密切的關係，兩者都是分析犯罪的文化意義。標貼論所強調的，是犯罪的產生不是由於行爲本身，而是由於一般人對行爲者的看法。也就是把一件事分做action（行爲）與 actor（行爲者）兩層意義來看。這兩層意義是分割的，也不是合一的。「鐵面無私」應該是不看人（行爲者），只看事（行爲)。然而事實上這只是烏托邦的思想。依據標貼論的大師貝克 (Howard Becker) 的看法，犯罪構成的過程有兩個步驟；首先，一般人（或者是整個社會）對於某些人往往貼上「不良少年」的標誌。其次，這些人眞的造成「犯罪」的結果❺。譬如警察總認爲張三獐頭鼠腦，一定不是好東西，於是，一發生什麼事就先查查他，一次又一次，「結果」眞的發現張三是個不良少年。

標貼論一直強調的是，犯罪的定義往往由於當權派對少數團體的偏見所形成的。換句話說，因爲對於情境的界說 (Definition of Situation) 的不同，當權派與少數團體對於某種行爲的解釋也就有了歧異，兩者相爭的結果，當權派的界說都是法律，都是必須遵守的行爲規範，違反這個規律都是犯罪。從這個觀點看，犯罪仍是文化衝突的結果。

結構決定論與文化衝突論可能都是解釋犯罪行爲的適當理論。我們不能否認犯罪產生的背景是由於社會結構的轉變，但是我們也不得不承認許多違警行爲的形成往往是警政人員的武斷決定。兩者權衡之下，何者較重，何者較輕，這是社會學者一直追求的問題。我們不能抱著鄉愿的態度說，兩者都重要，那就不是科學精神了。任何政策的

---

❺ Howard Becker, *Outsiders: Studies in the Sociology of Deviance*, New York: Free Press, 1963.

研究，一定要先斷定輕重之分，否則政策就沒辦法確定了。據一般社會學者研究的結果，犯罪行爲最適當的解釋，還是社會結構的因素❻。本文的分析也就是導循這條思路而推展的。

三、臺灣少年犯罪的嚴重性

犯罪是永遠沒辦法根除的社會病，少年犯罪尤其是社會化的過程中不可避免的現象。一個年輕人，涉世不深，總是會做出一些愚笨的事。只是有的被發覺，有的沒被發覺。整個社會來說，這些被發覺了的愚笨之事，加起來，就是所謂少年犯罪案的統計，這個數字，有高有低，並不完全是隨機變動的。社會統計學的用意，就是想解釋這些數字的變動；社會學的觀點，就是要探討這些數字的變動與社會結構彼此之間的因果關係。

臺灣少年犯罪從數量看，並非太嚴重的事實。這或許是我們傳統教育的成功。考試、補習、壓制性的教育，這些制度有好有壞。從長期的觀點看，它是反社會進步的，使有自由創造力強的人，不容易發揮；但是從短期的觀點看，少年犯罪的傾向被抑止了，這不能不說是好處。在臺灣，每年的少年犯罪的案件，大約是數以千計。如圖一所示，在 1960 年，少年犯罪大約有 6600 人，5 年後，是 8800 人，到了 1975 年，反而減低到 8100 人❼。

---

❻ 強調社會結構的重要性，名著是：Robert K. Merton, *Social Theory and Social Structure,* New York: Free Press, 1957.

❼ 本文所謂「少年犯罪」，係指違警案件。資料取自警政署編印之《臺灣警務統計分析》，每年一期。又本文所用之人口資料取自內政部每年出版之《臺灣人口統計》。

由此可見，臺灣每年的少年犯罪，差不多是將近一萬人。這並不是個大數目，比起我們整個少年人口來說，可說是很少的。整個臺灣的少年人口（10歲至17歲），差不多是300萬人。也就是說，每300多個少年人，才有一個是被警察抓到的少年犯。換句話說，少年犯罪率是3‰。當然這個比例隨著時間、地點，與團體的不同而有變異。不過，大體說來，臺灣的少年犯罪率，還是比歐美的國家來得低。依據美國聯邦調查局的統計❽，美國每年的少年犯差不多將近 200 萬人，而他們的少年人口（10至17歲）差不多是 3000 多萬人，也就是，美國的少年犯罪率大約是5％左右。換句話說，每二、三十個美國少年人，就有一個是少年犯，這是個很高的比例。

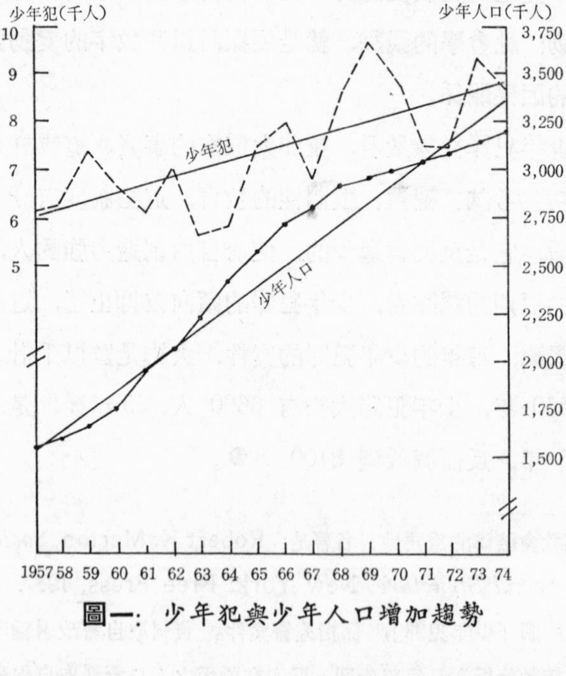

圖一：少年犯與少年人口增加趨勢

❽ 美國的資料見 FBI 每年出版之 *Uniform Crime Report.*

臺灣的少年犯罪率雖然比歐美國家低得多，可是，晚近數十年的社會變遷，是不是影響到犯罪率的增加？這是個大衆關心的問題。犯罪率的增加直接的影響到整個社會的生活品質；也表現出一個社會結構的變態。從圖一我們可以計算出臺灣少年犯罪率，也就是少年犯的人數除以 10 歲至 17 歲之間的少年人口。這個比率在時間上的比率並不大，我們可以把臺灣少年犯罪率的變動大約可以分成兩個時期：1963 年以前和以後。從 1957 年至 1963 年，犯罪率是個下降的局勢，由 4 ‰，一直降到 2.5‰。我們不難想像這個時期正好是經過了光復與撤退之後，社會開始步上軌道，逐漸的進入安定的局面。從 1963 年以後，少年犯罪率一直在2.5‰與 3 ‰之間浮動，有升有降，但是變化的幅度很小，可見十幾年來，臺灣社會一直在非常的安定之中。雖然急速的工業化之衝擊，似乎造成了許許多多的社會問題。但是，從少年犯罪這個角度看，並沒有激烈的禍果，這是值得我們欣慰的。

不過，有一點統計常識是我們應注意的：犯罪率的穩定並不表示犯罪現象的不變。前者是相對值，後者是絕對值，兩者有不同層次的意義。對於社會學家來說，相對值比較有意義，因爲它所探討的是社會現象如何影響到犯罪的行爲。對於警政人員來說，絕對值比較有意義，因爲他所感興趣的是犯罪人數是否愈來愈多；若是犯人愈來愈多，那麼，警政機關的裝備及人員也得跟著增加。我們從統計數字看，近十幾年來臺灣的少年犯罪率並沒有大幅度的升高，可是少年犯罪的人數卻是年年增多。在時間的變化上，幾乎是個幾何級數的增加。我們可以用底下一個公式來表示：

$$C=6,050e^{0.022}$$

C 是犯罪人數，e 是自然對數，6,050 是基期(1975年)的犯罪人數，

0.022 是每年犯人的增加率。這公式表示：近十幾年來，少年犯的人數一年比一年多，增加的幅度並不小，每年大約是2.2%，也就是說，若是一年的少年犯人數是 1000 人，次年就增加到 1022 人。犯人的增加率是警政當局的人力規劃中不可或缺的知識。因為有了這個預測的數量後，我們就有比較科學的根據來推算防護大衆安全應有的準備。

臺灣少年犯罪愈來愈嚴重，不僅是犯者數量的增加，而且是少年犯佔總犯人的比重增加。在臺灣，每 100 個犯人，大約有二十幾個是少年犯，也就是說，少年犯的比重差不多是百分之二十幾。這個比重，在近十年來，卻是有增加的趨勢（見圖二）。在 1960 年，它是22%；在 1970 年，它是26%。隨著少年犯比重的增加，對付少年犯的警政措施，也得跟著增加。譬如說，警政人員的訓練，應該多注意

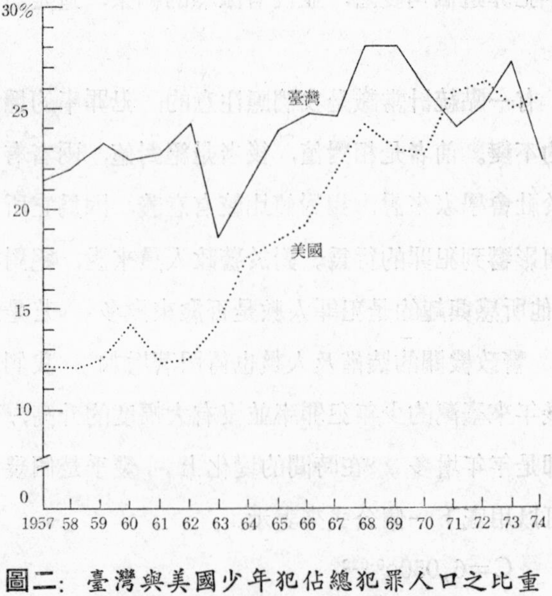

圖二：臺灣與美國少年犯佔總犯罪人口之比重

少年的心理與行爲方面的常識，不可把用於成年犯那套拿來對付少年犯。這是我們行政當局應該有的準備。在美國，近十幾年來受到少年犯急速增加的教訓是極慘痛的。他們在傳統上，不把警政的重心放在少年犯罪的預防和治療，一味的用寬容和放任的方式。可是近十幾年的社會變動，使得社會不得不改變他們一貫的看法。少年犯罪的嚴重已經超乎一般人的想像，在中學裏，吸毒是正常的，偸竊者是英雄。我們從圖二，不難看出近十幾年來美國的少年犯罪嚴重到什麼地步。少年犯的比重本來只是12％，可是最近已增加到25％。這是一個相當重大的變動。這個現象的背後，代表著多多少少隱藏著的辛酸血淚的故事。

四、少年犯罪的人口結構

我們從以上的分析，可以得到這麼一個結論：臺灣的少年犯罪的現象是愈來愈嚴重，可是少年犯罪率卻是沒有太大的變化，只是在3‰左右。這是什麼道理呢？絕對值與相對值之間有什麼關係呢？這個問題的解答很簡單，可是一般人卻常常忽略了。

少年犯罪的變動原因比較單純，往往是受著社會結構變化的影響；最重要的結構因素，就是人口組合。當一個社會的少年人口大量增加的時候，少年犯的人數也就跟著急速的增加了。這是個極簡單，但又是千變不移的道理。近十幾年來，臺灣的社會正好是這個現象的寫照。依據 1975 年人口普查的結果，臺灣 15 歲以上的人口，正好是 1000 萬，其中 15 歲到 20 歲之間的人口有 200 萬，正好是20％，這是個相當龐大的數目。綜觀世界各國，很少有一個國家像我們有這麼大的少年人口比重。美國素被稱爲年輕的社會，年靑人多，到處充滿了年輕的文化氣息。可是，1975 年美國的少年人口（15 歲至 20 歲之間）所佔 15 歲以上的總人口只是12%，比臺灣少得多！從人口的結構上看，臺灣社會正是朝氣蓬勃，有活力，有創造；相反的，美國社會正是老氣橫秋，重守陳，講穩定。我們那能不抓住這麼好的局勢而大展鴻圖呢！

當然，少年人口的比重高，有好處也有壞處。少年人正是在生命旅途上無所適從的階段，他們富有創造力，也容易誤入歧途。整個社會少年人口忽然的增多了，這也是社會的一個重大負擔；如何教育他們，訓練他們，誘導他們，這是我們國家今後的一個大問題。正如圖二所示，美國在 1960 年代就是遭遇到這個難題❾。由於第二次大戰後美國家庭的生育率大幅度的升高，產生了所謂嬰兒潮（Baby Boom），每一家都有好幾個兒女，這些嬰兒到15年後，也就是 1960 年代，就形成了大量的少年人口。多生產 100 萬的嬰兒，可能造成了99萬的少年犯的機會。少年人口愈多，少年犯罪的機會就愈多。因之，在 1960 年代的美國，簡直是個社會恐慌時期，犯罪率一年比一年高，人人自危，不知道將來的社會會變成什麼樣子。

美國所走過的路，正是我國將要經歷的事實。在今後的十年之間，我們將看到臺灣的總犯罪率會增加，因為少年人口的比重愈來愈大。我們在大陸撤退後，也就是 1950 年代的初葉，也有一陣子很高的嬰兒潮，那時候的生育率高達50‰，以後就降低了。這個嬰兒潮在 15 年後的今天，正是產生少年人口大量膨脹的原因。在未來的十年

❾ 應用人口統計學的觀念來分析犯罪現象，最成功的例子是，Marvin E. Walfgong, Robert M. Figlio, and Thorsten Sellin, *Delinquency in a Birth Cohort*, University of Chicago Press, 1972.

間少年人口將會有增無減。影響所及，整個少年犯罪的模式也將改變了。最顯明的例子，就是少年犯罪的年齡組合有了變動。從圖三我們可以看出來，少年犯眞的愈來愈「少年」。13 歲以下（差不多是小學程度）的比重有極大幅度的增加，從20%增加到40%。相反的，16歲以下的少年犯罪，本來很高（60%以上），現在卻降到40%左右。

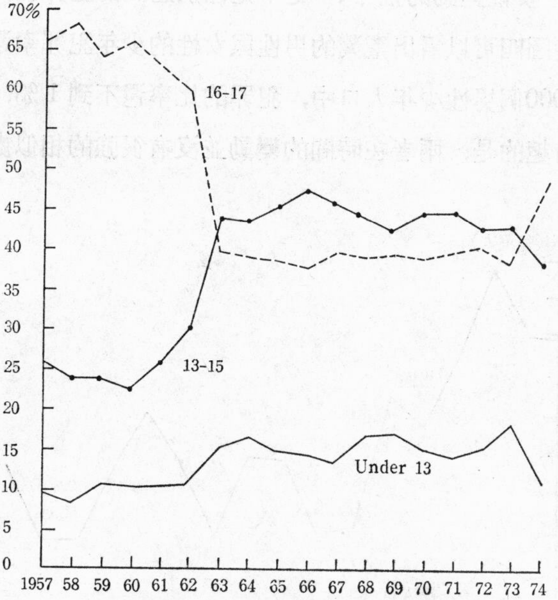

圖三：少年犯年齡組合之變動

少年犯罪的年齡組合的變動，是值得我們警惕的現象。眞的是「英雄出少年」，現在的少年犯平均年齡都很低，60%都在高中程度之下。尤其是國中生的少年犯罪，十幾年來增加得太迅速，太可怕了。這個是不是因爲教育程度上有了變化，我們不敢斷定；不過，這個嚴重的現象需要教育當局密切的注意。本來國中生一直跟少年犯罪沒有太大的關係，可是現在一半的少年犯都是來自國中學生。這不能說不是臺灣社會的一個大轉變。國中訓導工作應該加強，這已不是重點；我們所要研究的是，如何加強的問題。

少年犯愈來愈年輕，這是我們已發現了的事實，是不是少年犯的女性也愈來愈多？這是我們談犯罪的人口結構常常涉及的一個問題。在犯罪心理學上，我們常把男性與侵略性聯想在一起。可是，隨著社會的變遷，女權運動的推行，是不是性別之間的犯罪傾向愈來愈相同？我們從圖四可以看出臺灣的男性與女性的少年犯罪率還是有很大的區別。1000個男性少年人口中，犯罪的比率還不到1‰，兩者差距很大。最有趣的是，兩者在時間的變動並沒有很強的相似處。女性的

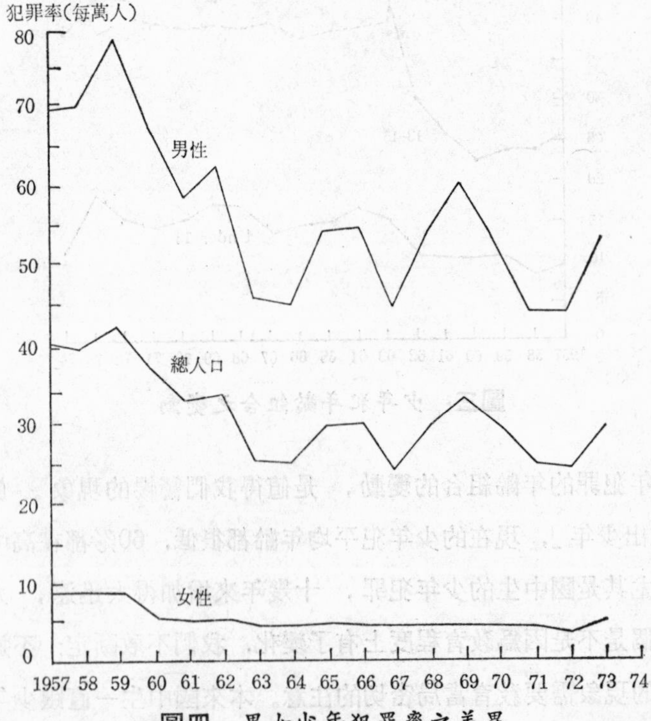

圖四：男女少年犯罪率之差異

犯罪率，很少有變化，男性則有很大的浮動。

我們再看圖五，它是表示少年犯的性比率，也就是少年犯當中每一百個女性，有多少是男性。在臺灣，少年犯的性比例差不多是1500:100，也就是 15 個男的對1個女的。在 1950 年代，這個比率還算低，差不多是10:1，可是在 1960 年之後，性比率升高了，男性的少年犯相對的增多。這個現象正好與美國相反。在美國社會裏，男女少年犯大約是 4:1； 4 個男的對1個女的。而且這個性比率並不穩定。從 1960 年開始到現在，節節降低：從 6:1，到現在差不多是 3:1。可見美國社會裏女權的運動，以及其他社會結構的變化，使女性的犯罪率有增高的傾向，女性犯罪與近代化成正比。在臺灣，我們還好沒有這種跡象，以後是否會這樣，這就很難說了。

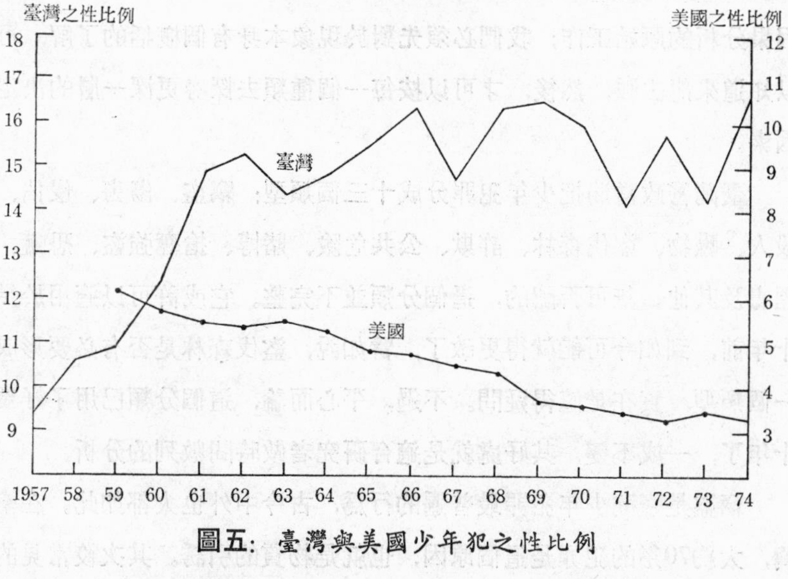

圖五：臺灣與美國少年犯之性比例

五、犯罪的動機與類型

少年爲什麼犯罪？這是幾千年來人類一直沒有辦法解開的謎。我們絕不敢說可以找到答案，不過，社會學者的努力是一點一滴的，片面性的研究；希望有朝一日，我們對於犯罪行爲的認識，可以比較接近事實，不要仍然是武斷性的瞎猜。

犯罪的動機很難可以直接測量出來。就是問犯罪者本人，他也是支支吾吾，閃爍其詞，有的人自己也搞不清楚，有的人就是知道也不說眞話。因之，社會學者的研究常常要靠間接性的推斷，其中常用的方法就是所謂類型學（typology），把犯罪行爲首先加以歸類。歸類的根據往往是許多社會現象實際觀察的歸納結果。可以說類型學就是因果分析的原始工作；我們必須先對於現象本身有個概括的了解，可以知道來龍去脈，然後，才可以按每一個種類去探尋更深一層的決定因素。

臺灣警政當局把少年犯罪分成十三個類型：竊盜、傷害、侵佔、殺人、贓物、盜伐森林、詐欺、公共危險、賭博、搶奪強盜、恐嚇、煙毒及其他。無可否認的，這個分類並不完整。它或許可以適用於幾十年前，到如今可能就得更改了，譬如說，盜伐森林是否有必要形成一個類型，實在是值得疑問。不過，平心而論，這個分類已用了好幾十年了，一成不變，其好處就是適合研究者做時間數列的分析。

竊盜是臺灣少年犯罪最普遍的行爲，古今中外也大都如此。在臺灣，大約70%的犯罪是這個原因，也就是物質的引誘。其次較常見的犯罪是傷害（包括強暴在內），大約是6%～7%。殺人也佔了5%左右。其他種類的犯罪就很少了，頂多是1%～2%而已，有很多還不到1%。

譬如說大家很關心的煙毒問題，在臺北市僅佔所有犯罪的1％，當然，在整個臺灣地區，它的比率就更少了；只不過是煙毒的比重，在最近兩三年內確實有增加的趨勢。

依據美國著名的犯罪學家顧里諾的研究[10]，犯罪行爲的類型其實可以簡單的歸納爲三種：身犯（Crimes Against the Person），財犯（Crime Against Property），還有社會犯（crimes against public order）。殺人、傷害和恐嚇，可以稱之爲身犯；竊盜、侵佔、贓物、盜林、詐欺和搶奪，可以稱之爲財犯；其他如賭博、公共危險、煙毒等等，可以稱之爲社會犯。我們由圖六可以看出臺灣少年犯罪類型的變動；財犯佔絕大多數，高達75％以上，身犯差不多是15％，社會犯大約是10％左右。

隨著時間的不同，這三個類型的比重是浮動的，大致說來，身犯與社會犯的比重之浮動是同一方向的，財犯則正好相反。當財犯增加的時候，人身犯與社會犯就減少了，這個現象最明顯的時候，是1964年左右。假如我們沒有健忘的話，1963 年、1964 年正好是象徵著臺灣少年犯罪現象的一個轉捩點。犯罪率正好降低到最低，其後是個較穩定的階段，犯罪數量最少。而其後是開始增加的；國中學生的犯罪比重，在此之前很低，以後就非常的高。從這些跡象，我們不難看到1964年左右，可能是臺灣社會發展史上最重要的關鍵，它代表什麼意義，值得以後的學者進一步去探討。

從圖六我們也可以看出，財犯是臺灣少年犯罪的絕大原因。不管社會怎麼變動，財犯的比重一直很高，總是在75％以上。我們以迴歸的方法，來估計財犯比重的變動，y 是代表財犯比重，t 是 1957 爲

---

[10] Marshall B. Chinard, *Sociology of Deviant Behavior*, New York: Holt, Rinehart and Winston, 1961, p.195.

基期的年數，所得的結果是：y=79.1-0.1t。這個方程式表示出財犯的比重很高，而且相當穩定，每年的平均變動只是0.1%。也就是說，我們不應該把一般的少年犯罪看成是殺人強暴那麼嚴重的行為；不應該因為某個被報紙渲染的少年犯罪案，就大驚小怪，恐慌失措，以為少年犯罪有如毒蛇猛獸，可以搖撼整個社會。

反過來說，我們也不能把少年犯罪當兒戲，所謂「防患未然」應該是放之四海皆準的社會政策。我們應該注重少年犯罪的治療，以預防它一直的演變下去，弄到不可收拾的地步。更何況近十幾年來的社會發展，物質的引誘力愈來愈強，少年犯罪率雖然沒有增加，可是犯罪的數量卻增多，而且，犯罪行為也可能愈來愈「成熟」了，許多以前小孩子不敢做的事，現在他們都敢做了。我們拿「傷害」(包括強暴在內)為例，在 1965 年，傷害罪佔總少年犯罪的 5.5%，5 年後，增加到

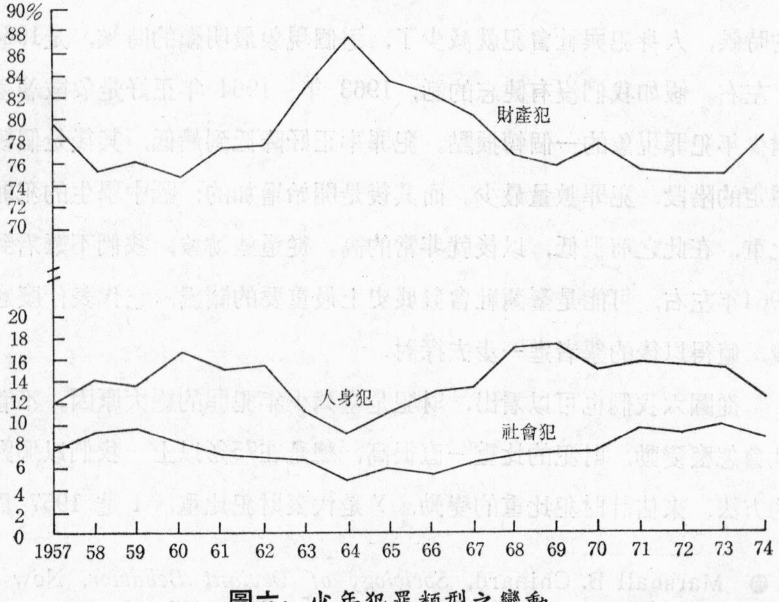

圖六：少年犯罪類型之變動

6.7%，到了 1975 年，升高到7.2%。

社會的發展是否會引起少年犯罪行爲的嚴重化？這是一個很重要的社會學的問題。要解答這個問題，我們首先就要確定如何測量犯罪行爲的嚴重程度。社會學方法論常常提到這方面的研究。依據 L.L. Thurstone 的建議[註]，犯罪行爲的嚴重程度可以由專家們的意見測量出來。我們就是依據這個方法，首先請東海大學社會學系任教的老師及選修高級社會學研究法的學生（一共是 25 人），就他們的獨立判斷，每一種的少年犯罪行爲(如殺人或竊盜)應該屬於不嚴重、稍微嚴重、很嚴重、抑或最嚴重，其次用加權平均的方法，嚴重度是以 0 代表不嚴重，而以 4 代表最嚴重，這就是 x 值，專家們的判斷當成是加權，也就是 f 值，兩者之乘積除以專家數的四倍，就是每一種犯罪行爲的嚴重度。它的極限，雖然在理論上是0～1，但是實際上總是低於 1 而大於 0。爲了要製作一個測量尺度可以眞正的在 0 與 1 之間，最後的一個步驟就是以「殺人」的度數爲最嚴重，以 1、0 表示其他種類犯罪的嚴重度就是與「殺人的粗略嚴重度」之比例得來，我們稱之爲「修正嚴重度」。這就是我們所要的測量方法。用它來測量一個地區的犯罪現象的嚴重程度。若是一個地區沒有其他種類的犯罪，只有殺人犯，那個地區的犯罪嚴重度就是 1.0；反之，一個地區沒有人犯罪，它的犯罪嚴重度就是 0.0 了。

從表一可以看出一些有趣的結果。「殺人」當然是一般人都認爲最嚴重的少年犯罪，「偸竊、贓物」算是最不嚴重的，這種看法大概是中外社會學者都是一致的；不過，其他種類犯罪的看法，就有點兒差

[註] Thurtone Scale 的製作法，可以參考 Warren S, Torgerson *Theory and Methods of Scaling,* New York: John Wiley, 1963, ch.8.

異了。「煙毒」與「公共危險」（縱火就是一例），在臺灣大家認為是非常嚴重的事，可是美國的聯邦調查局絕不把它當成重大案件。又如「搶奪強盜」的嚴重度在臺灣差不多與「殺人」相等，在美國，則是把「傷害」看成是僅次於「殺人」的犯罪行為。

犯罪行為的嚴重程度確實與都市化的過程有很密切的關係。我們由臺灣的警務統計資料可以明顯的看出來。譬如在 1975 年，臺北市的殺人犯佔了所有犯罪的 7 %，在臺灣省，它只佔 4 %而已。各種各

表一：臺北市與臺灣省少年犯罪嚴重指數之計算1975

犯罪種類		嚴重度		犯人比率		犯罪嚴重指數	
		粗略	修正	臺北市	臺灣省	臺北市	臺灣省
1.	殺人	0.87	1.00	6.9	4.2	6.9	4.2
2.	搶奪強盜	0.85	0.98	6.9	2.4	6.8	2.3
3.	公共危險	0.71	0.82	0.2	1.5	0.2	1.2
4.	煙毒	0.66	0.76	0.1	0	0.1	0
5.	恐嚇	0.59	0.68	9.3	4.7	6.3	3.2
6.	傷害	0.53	0.61	5.9	7.5	3.6	4.6
7.	其他	0.49	0.56	5.3	11.2	3.0	6.3
8.	侵佔	0.48	0.55	0.3	0.8	0.2	0.4
9.	詐欺	0.46	0.53	1.2	0.7	0.6	0.4
10.	盜伐森林	0.44	0.51	0	0.1	0	0.1
11.	賭博	0.40	0.46	0.6	1.6	0.3	0.7
12.	竊盜	0.32	0.37	60.4	62.3	22.3	23.0
13.	贓物	0.29	0.33	3.0	3.0	1.0	1.0
	總計			100.0	100.0	51.8	47.4

資料來源：《臺灣警務統計分析》，1975, p. 84.

類犯罪的比重與其犯罪的嚴重程度的乘積，綜合起來，就是代表著一個地區整個犯罪現象的嚴重程度，我們稱之爲犯罪嚴重指數，以 CSI 來表示。依據表一計算的結果，臺北市的 CSI 是52%，在臺灣省是47%，兩者的差別不小。也就是說臺北市的犯罪嚴重程度比臺灣省高了大約11%。當然這種地域間的差異，比起外國來算低得多。在美國，紐約市與整個社會相比，兩者之 CSI 的差異眞不可以道里計。

臺灣的少年犯罪現象是不是愈來愈嚴重？社會發展是否引起了少年犯罪行爲的嚴重化？這個問題的答案可以由圖七找出來。在 1965 年，整個臺灣地區的 CSI 只有44%，其後 3 年內，節節上升；在 1968～1974 的六年內，起伏不定，大致維持在 46% 左右；從 1974 後，CSI 急速的增高，恐怕最近一兩年內已突破 50% 大關。這是一個很值得我們警惕的事實。雖然最近幾十年來少年犯罪率並沒有顯著的增加，大約是在 3 %左右，但是，少年人口增多了，少年犯也跟著增加了；不僅是數量的增加，犯罪行爲的嚴重度也升高了，許多以前是大人才敢做的犯罪行爲，現在的少年犯也開始學了，開始做了。這不能不說是我們社會的危機！

六、犯罪現象與人口結構的變動

犯罪行爲的因果分析，是社會學的一個熱門題目。自從有人類文明開始，數不淸的哲學家，倫理學家，以及有一點兒頭腦的人，總會談到犯罪動機的問題。所謂人性「本善」或「本惡」的這一類筆墨官司，已經打了幾千年；當然可以再接著打幾千年。這一類討論很難可以稱做科學的硏究，因爲它們是語意學上所謂的「高層次的命題」，是沒辦法經由運作論的方法去證實或推翻的。碰到這一類的問題，不要說是社會學家束手無策，就是古往今來的偉大思想家也只是搖頭浩嘆。

晚近的社會學家比較聰明了一點，他們不再討論這麼大的題目，像耳鼻喉科的醫生一樣，他們開始注意行為上枝枝節節的問題。行為的研究，變成他們的向心力；人際的關係，變成他們的集中點。以這種觀點，他們來探討犯罪行為的決定因素。因為他們的觀察，往往是片面的，枝節的，所以他們的研究結果，總是脫離不了「以管窺天」之譏。在歐美社會學界是如此，在國內社會學界更是如此。甚至我們可以說，臺灣的犯罪學研究中，行為學派的色彩比國外還濃厚。依據周震歐所搜集的國內出版的少年犯罪參考書目，至 1968 年為止，竟有三百九十餘種之多⓬。眞可以說是琳瑯滿目，美不勝收。不過，我們假如一一檢討這些著作對這些犯罪現象的解釋，我們會發現它們的結論總是脫離不了籠統的行為學派的俗套；一提犯罪的原因，總是歸咎於四個因素：家庭、社會、學校與個人。家庭因素包括生活困難，管教失當，家庭解組；社會因素包括交友不當，不良娛樂；學校因素包括訓導失當；個人因素包括不良習性，心智缺陷，心神錯亂。

行為學派所犯的大錯誤有二。第一，行為學派雖然著重在小題目，可是解釋的根據還是大手筆，籠統而不切實際。家庭、社會、學校與個人四個因素，就好像金木水火土一樣的五行論，空洞得可以解釋整個宇宙及人類現象；不僅是少年犯罪而已。例如一個人為什麼事業成功？不外是家庭、社會、學校與個人。請看：同樣的因素可以用來解釋犯罪，也可以用來解釋事業成功，這樣解釋只是空談而已。第二，行為學派好強調犯罪行為的多元性，他們像沈迷在玩具店的小孩

⓬ 周震歐，<臺灣出版有關少年犯罪研究之參考書目>，《臺灣大學社會學刊》，第四期，1968，pp.177～191.

子，東摸摸，西碰碰，不知道問題的重心，忘記了現象的根本。犯罪行爲當然是受家庭、社會、學校、個人的影響，不必研究我們也可以猜到的。眞正的問題是：許多因素中那一種最重要？假如每一樣都重要，那就沒有一樣是重要了。我們談社會政策，應該抓住重點，所謂「物有本末，事有始終；知其先後，則近道矣」，這個古訓，是我們談行爲的硏究，必須牢記的座右銘。

行爲學派有它的漏洞，我們又不願意回到中古時代的清談，那麼，犯罪行爲的科學研究應走那一條路呢？我們的回答是結構決定論⓭。少年犯罪現象的解釋，應該從社會結構的觀點去探究，不能從枝枝節節的人際關係上著眼。社會結構是人際關係的「整合」，但不等於「總合」。涂爾幹（Emile Durkheim）曾說了一句話：「全體不等於個體之總合」，就是這個意思。一個社會結構，包括人際關係，也包括人際關係所賴以存在的意識，規範及價值等等。社會結構是整體的，人際關係是個體的，兩者之間有很大差別。

從社會結構的觀點來研究犯罪現象，這並不是什麼了不起的大創見。自古以來，就有許多思想家討論到這方面的問題。管仲所謂，「衣食足而後知榮辱」就是把犯罪現象與經濟結構聯想在一起。我們看犯罪不同種類的比重，也發現經濟力量似乎與犯罪行爲有密切的關係，絕大多數的犯罪屬於財物的貪婪或侵略。因之，我們不難想像到，當一個社會的經濟結構有了急速的變動，一般人的物質慾望也就跟著大幅度的提高，爲了爭奪財物的犯罪也就隨之而大量增加了。

爲了證實這個假設，我們採用時間數列的分析法（Time Series Analysis）。以國民平均所得當做經濟結構變動的指數，用來解釋財

⓭ 李文朗，《社會學》，學生書局出版，1973。

犯比重的增減變動幅度。在方法上，我們首先需要減除時間因素所帶來的干擾。最簡單的，就是先把國民平均所得（y）當做時間（t）的因變數，找出一個迴歸方程式。計算的結果，獲得了底下最適當的一條曲線⓮：

$$y' = 108.03e^{0.097t}$$

這個公式所計算出來的 y′ 就是國民平均所得受時間因素干擾的預期值；從這個預期值，減去實際的觀察值，然後除以標準差，我們可以獲得一個不受時間因素干擾的指數，眞正代表著整個社會經濟結構的變動。

以同樣的統計方法，我們也可以計算出財犯比重的時間趨勢，也就是受時間因素干擾的預期值，以 C′ 表示:

$$C' = 79.11 - 0.099t$$

然後，減去實際值，除於標準差，找出了犯罪變動的眞正趨勢。

這兩個變數關係，可以從圖七看出來。臺灣的經濟結構，在1972年以前並沒有多大的變動，整個 1960 年代，是個非常平穩沈寂的階段；1972年後，卻是瓶頸的突破，經濟發展開始起飛，經濟結構有了極大的改變。我們再看犯罪現象的變動，好像是一個單峰狀的起伏，1964年是個分水嶺，在以前，是個增加上爬的趨勢；在以後，是個下降減少的狀況。可以說，經濟結構（以Y代表）與犯罪現象（以C代表），並沒有很明顯的關係，其相關係數僅是−0.079。因此，我們若以經濟結構的變動來解釋犯罪現象，我們所得

$$C = 1.028 - 0.058y \qquad R^2 = 0.006$$
$$(0.184)$$

⓮ 國民平均所得的單位是以美金計算，資料來源是行政院主計處出版的 *Statistical yearbook of the Republic of China.*

這個結果在統計理論上是行不通的，非常不能令人滿意。

犯罪現象變動的眞正原因是什麼呢？在所有的社會結構因素當中，除了經濟結構之後，還有政治結構，教育結構等等。其中最重要的，也是最根本的社會結構因素就是人口結構。我們在前文曾經分析過少年犯罪的人口結構，我們的結論是：晚近少年犯罪人數的增加，純粹是受了人口結構變動的緣故。同樣的，臺灣社會財犯比重的增加，也很可能是受了人口結構因素的影響。當一個社會的人口結構產生很大的變化，少年人口忽然的增加了很多，這些少年人開始要追求自我慾望的滿足，開始以物質的擁有當做是社會地位的象徵，於是，他們以半嬉戲半反抗的態度，超越了社會所訂的界限，侵犯到他人的

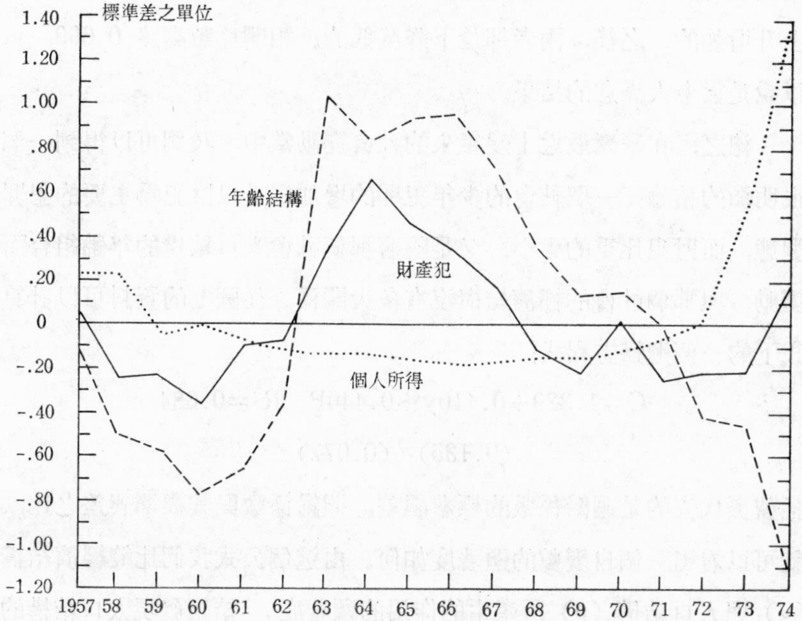

圖七：個人所得，年齡結構及財產犯之時間數列

權利；因之，財犯增多了，犯罪現象也轉烈了。

一個社會財犯的增加或減少，不受那個社會的經濟狀況的變動的影響，但是很可能是受人口年齡組合的作用。年紀低的少年犯愈多，財犯也就愈多。這個道理，我們可以由臺灣的實際資料得到了證明。由以前的分析，我們知道少年犯罪年齡組合的變動，最顯著的是13～15歲比重的增加。因之，用時間數列的方法，我們首先找出這個年齡組合受時間干擾的預期值：

$$P'=26.62+1.327t$$

然後，以預期值與實際值的差異除於標準差，所得的結果，就是一個社會人口年齡組合的變動。從圖七我們可以看出，年齡組合的與財犯的變動，確實是一致的方向。在 1963 年、1964 年之前，兩者都是上升增加的；之後，兩者卻是下降減低的。相關係數高達 0.699，可以說是很令人滿意的結果。

總之，在臺灣最近十幾年來的社會變動當中，我們可以得到一個很明顯的結論：一個社會的少年犯罪的增加總是以財犯為主要的犯罪型態，而財犯比重的大小，又是隨著那個社會人口結構的年齡組合而變動；與那個社會的經濟結構沒有多大關係。從圖七的資料可以計算底下的一個迴歸方程式：

$$C=1.329+0.410y+0.440P \quad R^2=0.684$$

$$(0.135) \quad (0.077)$$

括號裏代表的是迴歸係數的標準誤差，迴歸係數與其標準誤差之比，就可以看出一個自變數的顯著度如何。由這個公式我們比較經濟結構（y）與人口結構（p）所產生的作用的顯著度，結果發現人口結構的作用確實是重要多了。也就是說人口結構的變動，對於犯罪現象有非常決定性的影響。

七、結論與預測

這篇文章是以分析臺灣的少年犯罪現象爲主題，不過我們也順便提出了一些解釋少年犯罪的理論。我們所得的結論，可以分別的例舉如下:

(一)社會學的犯罪理論，衆說紛紜，好像是雜亂無章，可是詳細的分析，可以歸類爲二：結構決定論與文化衝突論。本文的理論觀點是根據結構決定論的。

(二)臺灣的少年犯罪率近年來並沒有增加，大約是每年 2.2%。這是因爲人口結構變動的影響。

(三)臺灣的所有犯罪中，少年犯的比重，大約是25%，比起美國來高了些。美國的少年犯罪的比重是最近幾年才節節上升的。

(四)臺灣少年犯罪有幾個値得警惕的事實，就是近十幾年來，犯罪年齡降低，過去，少年犯大多數是 15～17 歲之間，現在有50%的少年犯是在 13～15 歲之間，也就是國中的學生。

(五)隨著社會經濟的發展，女性犯罪的比重並沒有增加，這是中國與西歐社會不同的地方。在臺灣少年犯的性比例差不多是 15 個男的對 1 個女的，十幾年來沒有多大的變化。

(六)臺灣少年犯罪的型態可分三種：¾ 是財犯，其他 ¼ 當中有15%是身犯，10%是社會犯。也就是物質的引誘是絕大的犯罪動機。因此，不可爲一兩件殘暴的少年犯罪案而有所驚慌，所謂「亂世用重典」並不適合少年犯罪的處理。

(七)依據調查結果，我們製造出一套測量少年犯罪的嚴重指數，以這些指數去衡量臺北市與臺灣省之犯罪型態，發現犯罪行爲的嚴重程度確實與都市化有關係。

(八)隨著臺灣社會的發展，少年犯罪的嚴重程度愈來愈增加。犯罪嚴重指數（CSI）在 1965 年只是44%，到了最近，已突破50%的大關。

(九)研究少年犯罪現象，必須走結構決定論的路線。可惜犯罪學家仍然停留在行爲學派的陰影裏，還是以人際關係的觀點來看少年犯罪行爲，國外如此，國內也如此。

(十)社會結構包羅萬象，並不是每一種社會結構都與犯罪現象有直接的關係。從統計資料的分析，我們發現，臺灣財犯的增加或減少，並不受經濟結構變動影響；倒是人口結構的變動，有很重要的決定力。因之，以經濟因素來解釋一切社會現象，往往是偏差的。

社會學的開山鼻祖孔德說的好：「解釋是爲了預測」。一切科學的解釋之最終目的，是要對於現象有個概括性的預測，是不是還可以用人口結構來推斷呢？這個問題的答案是肯定的。當然，任何預測總是要基於某些假定；預測的可靠性，也就是基於假定的眞實程度。我們預測今後臺灣少年犯罪的變動，也必須依據某些假定。我們的犯罪假定是臺灣的年齡別犯罪可能率不變，以 1975 年爲準。這個假定並不是太荒謬。從過去十年來的統計資料計算的結果，臺灣少年的年齡別犯罪可能率確實變動不大。有如表二的第三列所示，隨著年齡的增加，犯罪率逐步增加：在 10 歲時，它是0.23‰，到了 17 歲，增加到6.38‰。以年齡別犯罪率乘每年預測的少年人口組合，兩者之積，就是年齡別犯罪的人數；所有年齡的犯罪人數的總合，就是該年的少年犯人數。

少年人口組合的預測，那是人口統計學上最簡單不過的方法，也就是所謂「口合分析」的應用⑮。譬如說，在 1975 年 10 歲的人口，可以稱爲一個「口合」，到了次年，就變成 11 歲了，這兩者之間的差別，就是生命殘存率，是由生命表可以計算出來的。人口統計學常用的符號是 I_{x+1}/l_x，在表二的第四列可以看出來。

表二：少年犯人數之預測方法（以1976年為例）

年齡	一九七五年			生命殘存率 (4)	一九七六年	
	少年人口 (1)	少年犯 (2)	年齡別犯罪率 (‰) (3)=(2) (1)		少年人口 (5)=(1)×(4)	少年犯 (6)=(5)×(3)
10—	395,847	93	0.23	0.99971	399,582	92
11—	404,066	239	0.59	0.99970	395,732	233
12—	410,243	384	0.94	0.99965	403,945	380
13—	406,197	655	1.61	0.99960	410,099	660
14—	402,934	1,003	2.49	0.99953	406,034	1,011
15—	399,064	1,446	3.62	0.99944	402,744	1,458
16—	396,844	1,726	4.35	0.99938	398,841	1,735
17—	385,748	2,463	6.38	0.99932	396,598	2,530
總數	3,200,938	8,004	—	—	3,213,572	8,100

資料來源：《臺灣警務統計分析》及《臺閩地區人口統計》

假如我們可接受年齡別犯罪可能率不變的話，我們就可以預測今後臺灣少年犯罪變動的狀況。表三所示的，是 1975 年到 1984 年 10 年間的少年犯罪可能的變動。我們發現，總犯罪率還是像以前一樣，3‰左右(精確的說，是2.6‰)。然而犯罪人數(也就是絕對值)的變動卻是極有趣的。1978年可以說是臺灣少年犯罪的高潮，在它以前，犯

---

⑮ 請參閱 Noval Glenn, *Cohort Analysis,* Sage, 1977.

表三：臺灣地區今後少年犯罪之預測

年　別	少年人口(千人)	少　年　犯	少年犯罪率(每千人)	每年變動比率(%)
1975	3,201	8,004	2.5	—
1976	3,214	8,100	2.5	1.2
1977	3,187	8,127	2.6	0.3
1978	3,174	8,139	2.6	0.1
1979	3,157	8,121	2.6	—0.2
1980	3,133	8,065	2.6	—0.7
1981	3,094	7,952	2.6	—1.4
1982	3,048	7,837	2.6	—1.4
1983	3,007	7,768	2.6	—0.9
1984	2,931	7,604	2.6	—2.1

罪量是一年比一年多；在它之後，犯罪量很可能是年年減少。每年減低的幅度，大約是1％左右。

這是一個很可喜的現象，我們在今後十年將看到少年犯罪會有減少的傾向。對於犯罪學家來說，這無疑是個令人驚訝的事實。一般人總以爲犯罪人數愈來愈多，社會的未來前途，也愈來愈黯淡。這種看法，可能是錯了。臺灣未來的十年，是否像我們預測的，少年犯罪案件愈來愈少，那只好等待以後事實的證明了。不過，依據我們學理的判斷，應該是不會有太大的差異才對。

第四章　人口變遷中的福利政策

一、前　　言

在社會變遷及發展的研究中，福利政策一直被認爲是一個因變數，不是個自變數。一般人總以爲福利事業只是花錢，不事生產的項目。「福利」與「施捨」被看成同一名詞。只有當經濟發展達到了可以認爲是「成熟」的階段，然後才可以談談社會福利。所謂大同社會，那只是烏托邦式的理想，那是在遙遠未來的境界，不可能實現的。因此，任何發展中的國家，只能談經濟發展，大家拼命賺錢，各取所需。凡是有本事的就可以大撈一筆，好好的過活；沒有本事的，怪自己不行，應該被社會淘汰。在物競天擇的原則下，那些鰥寡孤獨廢疾者，只好自認倒霉，聽天由命了。

這種思想看法，是個暴戾社會的意識型態。很不幸的，這種思想看法，倒是相當的普遍。古今中外，例子很多。美國的歷史就是一個很好的說明。在十九世紀中葉，美國經濟開始起飛，萬象更新，社會充滿了澎湃的新希望。好男兒翻山越嶺，馳騁荒野，到西部開闢新天地；倒霉的是印地安人，知識落後，不懂得生存競爭，只好淪爲芻狗，生殺予奪，幾乎絕種。那個時代，是美國經濟發展史上的一頁，但在社會發展史上，並不是值得驕傲的。支持這種擴張主義的社會意識型態，就是所謂社會達爾文主義 (Social Darwinism)。

只有當社會面臨危機的時候，社會福利才被重視。當那些被社會遺棄的不幸者，開始從少數變成多數；不僅鰥寡孤獨廢疾者無立椎之地，就是平常可以喝幾杯老酒的小市民，也開始覺得本身的權益相對的縮減，「同是舊巢啣泥燕」，可是那少數幾個人，居然有本事呼風喚雨、囊括了經濟發展的大部分成果；於是不平則鳴，社會動亂與不安的跡象開始顯現了。同時，那些少數的托拉斯，那些最會買空賣空的投機客，一看情勢不對，開始興風作浪，更把經濟攪得動盪不安。兩者的惡性循環，造成整個社會的風雨滿樓。美國 1930 年代的經濟崩潰，就是這麼一個寫照。也就是在這種不幸的社會危機中，政府不得不拿出社會福利這個法寶，當做安撫大衆的手段。研究社會福利史有名的閔球 (Samuel Mencher) 有這麼一個結論:

> 「經濟大恐慌是美國社會史上一個轉捩點，它使美國人普遍的接受政府應有保障生活安全的公共責任。在短短六年之間，這種看法不僅是深植於一般民衆中，甚至聯邦及州政府也開始把以往認為是私人責任的福利事業接辦過來。」❶

然而在今天，美國 1930 年代的經驗，早已被忘得一乾二淨。許多落後國家的當政者，無不想孜孜生利，只有在不得已的關頭，才開始想到社會福利，用它當擋箭牌。有時候，這種把戲玩得太晚，大勢已去了。

梟雄俾斯麥，就是有這麼高瞻遠矚的政治家。他一直是我們研究社會福利者念念不忘的人物，也是現代福利政策的開創者。他本來是

❶ Samuel Mencher, *Poor Law to Poverty Program: Economic Security Policy in Britain and the United States*, University of Pittsburgh, 1967, p.384.

個死硬的保皇黨保守派者，然而他看到社會福利的思潮，在 19 世紀的歐洲已經是風起雲湧，變成一股不可抗拒的洪流；他馬上見風轉舵，變成一個十足的福利主義的信徒。在他大力的推動下，建立了人類歷史上，第一個最具規模的社會福利制度，使日耳曼社會邁向了「老有所終，壯有所用，鰥寡孤獨廢疾者皆有所養」的境界。

時至今日，均富的理想已經變成全世界各地人民思想的主幹，滙成一股龐大不可抗拒的社會潮流。它不再是歐美社會的專利品。許多新興國家的人士，不管是眞心還是假意，總是把「均富」當成口頭禪，當成行政努力的最終目標。在已開發的先進國家裏，社會福利的支出，佔政府每年預算的絕大部分。強調自由放任的社會達爾文主義似乎是已經宣告死亡，政府不再是只顧維持旣得利益，其他則無所事事，僅讓「無形的大手」(Invisiable Hand)自動去調節決定整個社會的命運；相反的，政府必須扮演很積極重要的角色。政府的功能大大的增加，變成無所不在，無所不管的大力士，處處爲人民濟弱扶強。當一些很刺眼的問題出現的時候——譬如消費者的保護，醫療的保險，或者公害的防治等等——政府必須挺胸而出，站在弱者這一邊，主持正義，甘願向支持他的盟友（勢利集團）宣戰。諾貝爾獎金的得主孟德 (Gunnar Myrdal) 說得好：

> 「隨著民主政治的開展，要求平等的呼聲也愈高；因之，政府必須做的工作也愈繁重。政府往往必須站在微弱團體這一邊，想辦法强化他們的談判力量 (Bargaining Power)。有時，需要幫他們組織起來；但是，最重要的還是儘力改善他們能够談判的條件。」❷

❷ Gunnar Myrdal, *Beyond the Welfare State*, Bantam Book, 1967, p.39.

福利事業值得推展，不僅是人權道德的基本認知，不僅是政治潮流的必然趨勢；更有進者，福利事業可以帶動整個社會經濟的發展。一般人認爲福利事業只是救濟，只是花錢，那是錯誤的觀念。相反的，福利事業可以安定民心，可以造成社會階層的均衡，更可以提高生產力，推動整個經濟建設。

二、轉變中的臺灣社會

光復後三十多年來，臺灣社會由一個殖民地變成爲傲視國際經濟界的大國，給發展中的國家樹立了一個值得效法參考的楷模。我們從一些統計資料的研究當中，可以看出臺灣社會是如何的奮發圖強，努力上進❸。

從 1950 年至 1960 年之間，臺灣與外國的貿易總額一直沒有什麼發展，一直維持在 3 億美元左右；而且是入超的現象，負值每年大約是 7,000 多萬美元。可是到了1960年代的中葉，臺灣對外貿易忽然有了突破性的發展。1965年的貿易總額突破了10億大關，以後更是蒸蒸日上，並且由入超變成出超。到了最近這幾年，簡直是顚峰狀態。譬如說 1979 年的貿易總額高達 300 億，臺灣淨賺了 10 幾億美元，使臺灣成爲世界二十名內的貿易大國。

近三十年內，臺灣人民的生活程度大大的提高。在 1950 年代的十年間，每人每年平均所得都在 200 美元左右；可是在 1960 年代，隨著對外貿易的開展，一般民衆也開始富有了。最近每人每年平均收入，已經快突破 2,000 美元，比一般拉丁美洲國家的生活水平要高。

❸ 此段資料取自 *Taiwan Statistical Data Book*, 1980, 經建會出版, p. 29, p. 183, p. 257.

教育的普及，一直是臺灣社會的特徵，不過近三十年來，在這方面的表現更是特殊。1950年代，只有40%的國小畢業生可以進初中。由於九年義務教育的實施，如今97%的學齡少年可以受初級中學的教育。由初中升入高中的比例，也增加到60%；由高中升大專也增加到70%以上。文化出版也成爲極興旺的企業。過去 1960 年代，每百萬人才有大約 60 家的出版社，如今每百萬人至少有 100 家的出版社。每家書店門庭若市，擠滿了站著看書的青年學子。

從這些蛛絲馬跡似的統計數字，我們不難看出臺灣社會在這三十多年來是如何的變化。當然，任何的社會變遷一定是有利也有弊。傳統的封建社會，雖然滯礙了工商業的發展，但是人與人之間的和諧美德確實令人懷念；相反的，現代的工業社會雖然促使一般人民生活的改善，但是種種的社會問題一一的產生出現，簡直是防不勝防。從社會學的觀點看，臺灣社會近幾十年最大的變動，莫過於傳統家庭制度的消失。現今臺灣家庭每一戶的平均人數大約是 5 人，也就是標準的核心家庭制，包括一對夫婦三個小孩。可見傳統的大家族制度已經是日益式微；家庭已經不可能提供個人生活福利的保障。一般鰥寡孤獨廢疾者，除了向社會大衆求助外，大概不可能靠大家族援手了。

今後臺灣的社會福利應該走什麼方向，這是一個很值得深思的問題。依據筆者的看法，世界各國的福利政策大概可以歸納爲二個模式：一個是美國模式，一個是日本模式。美國模式是把社會福利的責任分攤爲二半，個人必須自己照顧自己，一旦沒法子，那麼福利救濟就變成國家的責任。美國表面是資本主義的社會，崇尙社會達爾文主義，但是事實上是個百分之百「福利社會」的大國。依據 1975 年的統計資料，美國政府當年用在社會福利的經費是 2865 億美元，佔了政府總額預算的58%❹。從這個數目看，我們不難看出美國政府對社會福利扮演多重要的角色。資本主義的美國已經如此，其他的西歐國家如瑞典、西德等更不必說了。日本也是個資本主義的國家，但是日本走的社會福利路線卻與美國迴然不同。日本政府的福利預算並不多，主要的原因是：一般人民的福利已經由服務的工廠、公司一手包辦了。工廠（或公司）提供醫療保險、住宅學校，以及休閒旅遊等等免費的福利措施。日本人很巧妙地把以前的家族福利事業，轉變爲現代的公司福利事業；以前的日本人對家族效忠，現代的日本人對公司效忠。也就是說日本的福利政策模式，基本上是建立在三個點上：政府、公司、與個人。但是政府與個人卻是不太重要的兩點，公司扮演著決定性的角色。

今後臺灣的社會福利政策，走的是美國模式？還是日本模式？我們到現在還很難下判斷。不過，依據近幾十年來演變的跡象看來，似乎是走美國模式的可能性較高。臺灣中小企業的比例大，公司規模小，而且很不穩固，不太有可能負擔龐大的福利經費；在這種情勢下，唯有政府可以有本錢做濟弱扶貧的工作。更何況在三民主義的經濟政策下，政府本來就是應當挑起絕對性的社會福利重擔。

然而在釐定完整的福利政策之前，我們首先需要對未來的臺灣社會變遷有個全盤性的瞭解。社會學的開山祖師孔德（Auguste Comte）說得好：「瞭解是爲了預測；預測是爲了控制」。我們對於社會現象有了充分的瞭解之後，才能預測未來可能產生的變遷；當我們能夠準確的預測社會現象的變動之後，完整的福利政策才能釐定出來，才能有助於整個社會建設的推動。

---

❹ 參考筆者所作 "Temporal and Spatial Analysis of Fertility Decline in Taiwan", *Population Studies* 27 (1973), pp. 97～104.

在這篇文章裏，我們想用統計分析的方法，就臺灣在 1980 年代可能產生的社會變動提出一些粗淺的看法。當然，我們用計量的方法所能夠描述及預測的問題一定很有限，而且可能只是「隔靴搔癢」，不能探測到眞正臺灣社會問題的重心；不過，我們總希望科學的社會學研究，一定是「言之有物」，不能憑空杜撰與臆測。我們希望探討臺灣未來社會變遷的四個大問題，這四個大問題直接而密切的影響到未來臺灣社會的福利與發展。因之，若是爲政當局能夠抓住這些問題的癥結，早點制定妥善的社會政策，那麼未來的臺灣社會，將是比過去三十年更好，更值得許多開發中的國家借鏡。

三、80年代的臺灣人口問題

社會學家總是喜歡把一個社會的研究範疇，劃分爲四個部門，那就是：資源面、技藝面、人口面以及組織面。這四個部門互爲因果，息息相關。一個社會的發展與進步，需要這四部門的配合，彼此面面相顧。社會學者研究的興趣，往往是集中在人口面與組織面的交互關係。

很明顯的，一個社會的人口結構與組織變動是不可分離的；兩者有如唇齒的關係。當一個社會的組織產生變動，行爲規範有了更改，連帶的生育行爲或遷移行爲也隨之而變；相反的說來，當人口結構有了變化，家庭組織也會受到影響，整個社會經濟結構也就起了變化。在這雙重的互動過程當中，何者是因？何者是果？這是一個很難回答的問題，有如「蛋生雞，雞生蛋」一樣，不能用一般的計量分析方法來研究；除非我們可以在推理上介紹進去一個時間變數，才可以打破這個難題，整理出一條思路來。

從短程的均衡分析 (Equilibrium Analysis) 的觀點看，我們不妨假設人口結構變動是因，社會組織變化是果。這個假設可以有助於我們對整個社會現象的了解預測。因爲在短短幾年之中，人口結構的三個變數 —— 生育、死亡、與遷移 —— 是不太會有激烈性的變動，因此我們的預測較有把握。尤其是在臺灣，近十年來人口激烈的變動，似乎已經過去了，今後可能緩和一些。

假如我們用 $Ni(t)$ 來表示 t 年度 i 年齡的某些人，m 是最高年齡組，也就是$o \leq i \leq m$；然後，用 bi 與 di 分別來表示年別、生育率與死亡率。那麼，我們很容易的可以導引出一些微分方程式來描繪一個社會的人口在時間上的變動：

$$N_0(t+1)=b_0N_0(t)+b_1N_1(t)+\cdots\cdots b_mN_m(t)$$
$$N_1(t+1)=(1-d_0)N_0(t)$$
$$\vdots \qquad\qquad \vdots$$
$$N_m(t+1)=(1-d_{m-1})N_{m-1}(t)$$

這些微分方程式，可以用一個簡單的方陣式代表，即是：$N(t+1)=A \cdot N(t)$。就這樣，臺灣社會的未來人口可以很容易的預測出來[5]。

從我們預測的結果，可以看出臺灣未來十年內人口的增加仍然是相當令人怵目驚心的。1980 年代的臺灣人口差不多是 1,800 萬。在這只有 14,000 平方英里的土地上，人口密度之高，可以算是世界五十大國之冠。人與地之爭無疑的仍然是 80 年代臺灣社會最主要的課題。不僅是糧食要進口，居住成問題，最主要是工業社會的病態，譬如交通阻塞、污染中毒等等，在臺灣已經是嚴重到損害一般人民日常生活的地步。

---

[5] Nathan Keyfitz, *Introduction to the Mathematics of Population*, Addison-Wesley, 1968.

假如未來的臺灣，仍然是維持現今的生育率（每名婦女平均 2.5 個小孩）及死亡率（70 歲的生命預期值），那麼我們敢說，今後二十年內臺灣人口一定是每 5 年增加 200 萬，也就是說每 5 年差不多增加一個臺北市（見表一）。一個臺北市的管理與發展，已經夠我們頭痛的了，何況每 5 年就增加了另外一個臺北市出來，那更是火上加油了。

表一：臺灣未來之人口與住宅需求

年度	人口（千人）	每戶人數	住宅（千戶）	需求量（千戶）	增長率（%）
1975	16,279	5.25	3,130	—	2.8
1980	18,010	5.08	3,602	472	2.5
1985	20,025	4.91	4,087	485	2.8
1990	22,132	4.74	4,709	622	2.6
1995	24,143	4.57	5,365	656	2.0
2000	26,039	4.40	5,918	553	—

資料來源：推測方法已在文內說明。基本資料取自《一九七五年人口與住宅普查報告書》，第二卷與第四卷。

人口問題的解決，不是靠一兩個有志之士登高一呼就可以達成的。人口的變動是個緩慢累積的過程，因此不可能在一朝一夕之間就解決。面對著這麼一個棘手的問題，我們自然的感覺到社會改革絕非一蹴可幾的。許多血氣方剛的青年人，開口造反，閉口革命，以爲一陣狂風就可以吹散一片敗絮落葉，那知道，狂風也可以毀屋傷心。同樣的，有些犯了左傾幼稚病的人，以爲用政府的力量，強制的限制每家嬰兒的出生數，就可以解決人口問題。譬如政府興建的國民住宅，不分配給子女多的家庭；又譬如子女超過一個以上，要扣累進的人頭稅；更有進者，在中國大陸，萬一有個不小心懷孕的婦女，總會受到革命委員會同志的軟誘硬逼，當衆羞辱，強迫墮胎。當然，這些政策的本意都是好的，但是後果卻不堪設想。提倡這些政策的人，基本上不了解一個很簡單的社會寫實，那就是生育率高的總是低收入家庭。因此，在這些強制性的人口政策下，受害最深的也就是低收入的家庭；尤其是來自這些低收入家庭的子女，在未出生之前，已經被剝奪了基本的人權，這難道是提倡「機會平等」的社會所能容忍的嗎？

臺灣近二十年來，在人口學上，已經樹立了一個優良的楷模。在沒有政府高壓強制的政策下，臺灣的生育率卻是大幅度的減低。從1955 年54‰，降低到 1975 年的23‰。也就是說，在短短的二十年間，生育率減低了一半。這麼大幅度的人口變動，在美國的歷史，總共大約需要大約 50 年的時間。可見「後來居上」，愈晚近的社會變遷，其速度也就愈激烈。

雖然我們在研究上，不可能相信家庭計劃政策的推廣，可以導致一個社會的生育率顯著降低，至少在人口變動的初期徵象是看不出來的；但是我們不敢否認，家庭計劃的社會福利涵義。不論人們願意採用家庭計劃是爲了什麼原因，至少他們有這種需要，那麼政府就有這種義務去做。尤其是在低收入的家庭中，這種需要更是迫切。爲了國家長遠的前途打算，臺灣社會一定要努力的推廣家庭計劃。我們希望，家庭計劃政策的推展，至少可以防止臺灣生育率的再度升高。

另外一個政府必須推行的人口政策，就是人口流動的均衡發展。在這方面我們政府的努力並不夠，當然口號是有的，大家也認爲應該做的；可是，怎麼做？政府的努力應該達到何種程度？這是莫衷一是的問題。過去的 20 年內，爲了應付國際貿易，爲了減低運輸成本，我們不得不讓一、兩個大都會畸型的過度發展。連帶著，農村人口大量的萎縮，一般人離農又離村，造成了人口分佈的極度不均。這種現象在經濟開始起飛的階段是難以避免的，可是不能讓它自然的演變下去，否則在國防上、在政治上，都會帶來禍果。

我們若是有勇氣的話，可以在人口學上建立第二個奇蹟，那就是以人口分佈的均衡來緩和人口增加的壓力。政府在這方面是很容易就可以做到的，只要在劃定的偏遠地區，用極優厚的減稅辦法，就可以使一般工商業趨之若鶩。不過，爲了減低運銷成本，工商業還是願意待在城市的周圍；所以這就要看政府努力的決心了。另外，一個較不易執行但是也很重要的政策，就是政府應該有決心打散政治權力的集中化，讓地方政府有稅收的獨立權，把全國的行政中心分散到各地去。這種政策，在歐美的社會已經實行多時，因爲他們有穩固的民主政治傳統。可是在許多開發中國家是辦不到的，一流的人材一定要聚集在天子腳下，奉仰鼻息；於是連帶的，首都不僅是政治中心，也是教育中心、商業中心，甚至也是工業中心，造成人煙汚染的現象。像埃及的開羅，韓國的漢城，墨西哥的墨西哥市，都已經是邁向千萬人口的大都會！當然他們國家的領導人，也常常抱怨首都人口太多，人口太集中化；但是他們也不願意天子的所在地，像華盛頓一樣只是小城而已，一旦有喜慶大典，只是小貓兩三隻，多沒威風、多掃興！

四、住宅的需求與政策

人口增加最顯著的社會影響，就是住宅的供不應求。事實上，古今中外總是把人口與住宅當成同一個問題；也就是因爲這個緣故，人口普查與住宅普查總是一齊舉辦。俗諺所謂「一家八口一張床」，活生生的用住宅的擁擠描繪出人口問題的嚴重。我們從住宅現象的研究中，不難看出許多潛在隱藏的社會問題。

臺灣近 30 年來人口急劇的增加，造成了極嚴重的房荒現象，也促使土木建築業的空前發達。臺灣地皮之貴及房價之高，比起西歐國家高得多；並且臺灣的土木建築業也比西歐各國更昌盛。現今臺灣的土木建築業雇用了全國 7 %的勞動力，美國的建築業僅雇用了 4 %的勞動力，可見住宅工業在臺灣整個工業發展的重要性。尤其是晚近政府推行十二項建設，其中包括新市鎮的開發以及國民住宅的興建，爲的是要減少人口增加所引起的房荒壓力。

完善的住宅興建政策，是臺灣社會發展過程中最基本的投資。因此，我們必須對於住宅的需求有個準確的估計與了解。到底臺灣每年需要興建多少棟住宅？這個問題可以由表一找出答案。依據 1975 年的人口抽查，臺灣大約有 130 萬棟住宅，每戶住宅的平均人口是 5.25 人；當然，這只是平均數，隨著地區的不同會有差異，都市化愈高的地區，平均每戶人口數就愈低。我們看臺灣未來的發展，不難預測到，臺灣的都市化程度一定是步步高昇。由此可以推斷臺灣未來每戶人口數也會降低。如果我們用 1975 年臺北市的每戶人口數（4.4人），當做 25 年後全臺灣每戶的人口數，那麼在這個假設下，就可以估計臺灣每年的住宅需求量。我們計算的結果是：1980年，臺灣需要 360 萬棟住宅；1985 年，410 萬棟；1990 年，470 萬棟。

從表一我們可以推測出兩個結論來。第一，今後臺灣每 5 年必須興建將近 50 萬棟的住宅；也就是說，每年大約要興建 10 萬棟的房子。這個數目並不包括整修翻新的住宅在內。假如一棟住宅的平均壽命是 60 年的話，那麼，每年差不多臺灣總住宅量的1.7%須要翻修。加上翻新的數量，臺灣每年住宅的總共需求量大約是11萬棟。第二，從現在起到公元 1991 年爲止，臺灣的住宅需求度將會年年上升；但是上升的趨勢，在 1980 年與1985年之間會較爲緩慢，並且在 1995 年之後，臺灣的住宅需求度將會下降，那時的土木建築業必定處在危機時期。除非有其他因素的干擾，否則萎縮的可能性是必然存在的。從這些統計資料我們可以推測到：80年代的臺灣住宅需求度，在前半段較緩和，但是後半段則很激烈。可能 80 年代的後期，是臺灣土木建築業的鼎盛時期，以後可能就會好景不常了。

當然我們的預測只是從「量」的觀點看，我們並沒有談到「質」的方面。其實，住宅的「質」比「量」更重要；不過「質」是個相對名詞，很籠統，不容易測定的，除非我們願意接受概括性的運作定義 (Operational Definition)。

我們不妨武斷的假定，臺灣所謂「低劣住宅」的定義就是：必須與他人共用厨房或厠所的房子。用這麼一個武斷的標準來衡量，我們發現，1980年的臺灣，居然還有30%的住宅沒有自己的房厠，15%沒有自己的厨房，並且有45%沒有自來水。這些數字，無疑的是對我們社會進步的一大諷刺。當然中國文化並不是太注重住的問題，傳統的教育總是要人「隨遇而安」、「心定自然涼」；可是現代人的價値觀念已經變了，住的環境已經變成最起碼的物質期待。在一個平均國民所得每年已經是 2,000 美金的社會裏，居然有將近⅓的人住在沒有獨家厠所的房子，那是很難說得過去的。

有人以爲，住宅條件的低劣是因爲人口的過分集中化所造成的。在鄉間總是天高氣爽，可是住進城裏就像關入牢籠裏，因爲寸土寸金，住宅不得不低劣。這種感覺是很自然的現象，可是事實上，是否鄉間的住宅一定較完善呢？新加坡是個百分之百都市化的國家，爲什麼他們一般的住宅比臺灣好得多呢？可見人口的集中化並不一定會造成住宅的低劣。我們看表二所示，晚近臺灣確實經驗到急劇的人口遷

表二：臺灣與臺北家庭設備及人口移動之比較

家庭設備	臺灣地區		臺北市	
	移動者	非移動者	移動者	非移動者
廚房				
自有	77.8	88.2	78.0	85.1
共用	18.6	8.5	20.1	12.4
無	3.6	3.3	1.8	2.5
厠所				
自有	69.6	69.7	74.4	79.2
共用	20.7	10.6	21.3	13.4
無	9.7	19.7	4.3	7.3
抽水馬桶				
自有	68.6	68.2	73.7	78.3
共用	27.0	22.5	24.4	18.3
無	4.4	9.3	1.9	3.3
自來水				
自有	56.9	53.0	73.6	79.6
共用	21.1	13.0	23.8	16.6
無	22.0	34.0	2.6	3.8
總共戶數	100.0	100.0	100.0	100.0
(千戶)	437	2,631	87	379

資料來源：《1975人口與住宅普查報告書》，第四卷，表22。

移，有17%的住戶，是近5年內從外縣市搬進來的；尤其是在臺北市，近5年內遷入的人口竟高達23%。然而，是否大量的人口移入所造成的「橋頭區」，降低了住宅條件呢？其實不然，外來人與本地人在住宅條件的比較上並沒有顯著的差別。譬如說，21%的外來人沒有獨自的厠所，同樣的，32%的本地人也沒有獨自的厠所。就臺北市一地而論，外來人的住宅條件確實比本地人差一點，但是差別並不太大，在統計學上說來並不算是顯著。並且，拿臺北市與其他地區比較，我們發現臺北市雖然有高度的人口集中化，可是她的住宅低劣度比其他地區好多了。

住宅的低劣不太可能是人口集中化造成的。人口的急劇集中化當然會產生人與地之爭，當然會擡高房價，當然會危害住宅環境；可是，若是社會有完善的住宅政策的話，這些弊病都是可以避免的。事實上，許多社會問題的產生，並不一定是人口因素的直接影響，最主要的原因是人謀不臧；人口壓力時常被爲政者當做一個擋箭牌。很可能臺灣住宅環境的低劣所反映的事實，就是臺灣仍有顯著的貧富差距存在。若是政府能夠多在營建事業上投資，幫助低收入戶，並且能向新加坡學習，解決中產階級住的需求，那麼貧富差距的現象，很快就會縮短。

在中國社會裏，政府投資於營建事業上，是個很自然而可以被大衆接受的政策；在資本主義的美國社會裏，就不一定行得通；因爲美國社會並沒有公家配給房子的常例。相反的，在臺灣差不多有9%的住宅屬於政府的；並且，在十二項建設的努力下，政府準備每年興建1萬戶的國民住宅，差不多可以滿足10%的住宅增加需求量。不過這個目標能否達成，還是個未定數。十二項建設當中，國民住宅是最落後的一項，往往房地的取得尚無著落，更不必談可以蓋幾棟房子。比起西歐的先進國家來，我們的營建投資可以說是極其落伍。譬如說，瑞典全國60%的住宅，是政府投資蓋的❻。我們的目標只是10%，還

❻ Fuerst, I.S. (ed.) *Public Housing in Europe and America*, Halsted, 1974, p.72.

是沒辦法達成。隨著臺灣社會的發展，一般人民對於住宅環境的要求一定是愈來愈高，這是必然的現象。從過去的統計資料，我們可以很明顯的看出這個道理來。依據 1975 年的抽樣普查結果，臺灣社會裏有70%的人擁有自己的房子，其中30%是自己蓋的，10%是公家配給的❼。可是這個比例在低教育程度的家庭就不同了，他們絕大部分（80%）有自己的房子，只有極少數租別人的房子，靠公家配給的國民住宅也只佔 5 %而已。可是在大學教育程度的家庭就不同了，有25%是靠公家配給房子的，自己蓋房子住的也不多，只有15%；許多教育水準高的人，都是買現成的房子，（大約有40%）。可見一般人還是比較喜歡較公共化、較現代化的房子，因爲公家蓋的或現成的房子，都是較有計劃的新社區，都是比較合乎現代化標準的。一般人民對於住宅現代化的期待，已經非常迫切了，府政也應該在這方面努力，以供應社會大衆的需求。

五、人口的老化與社會安全制度

人口結構的變化，影響到社會制度的改變。隨著人口「量」的增加，住宅環境的需求當然是最明顯的變化；隨著人口「質」的變動，整個工商業所受到的刺激，也是大而深遠的。許多工商業人士都密切的注意到這個事實，尤其是從事市場調查的人，一定很關心人口結構的改變。譬如說出生率降低了，那麼嬰兒吃的奶粉、穿的衣服，甚至玩的玩具都面臨萎縮的可能；當大羣的青少年教育程度忽然間提高了（譬如九年義務教育的實施），那麼圖書儀器的需求也會大量的膨脹，

❼ 見民國 64 年(1975)《臺閩地區人口與住宅普查報告書》，第四卷，表21。

甚至於私立初中也會跟著成爲投機商人的熱門貨。從這些例子，我們不難看出人口統計學的研究，對於整個社會政策的釐定是如何的重要。

人口的老化，是當今許多西歐國家面臨的最嚴重的社會經濟問題。尤其是在自由市場的美國，人口的老化影響到許多經濟現象。現在美國 10 個人當中，至少有 1 個是老年人（也就是說年齡在 65 歲以上)，而且這個比例一直在步步上升。有人預測，到了公元兩千年，美國將近13%的人口必須要政府補助老年津貼。當然，人口的老化會影響到勞工的生產力、國家的福利負擔、以及整個社會安全制度的盛衰。今後美國社會是否能夠挑起人口老化所產生的社會衝激？這是個很值得注意的問題。將來的臺灣社會是否也會走向西歐國家的覆轍？這是我們很關心的問題。

從表三我們可以看出，臺灣與美國兩個社會所面臨的人口老化的程度不同。在 1980 年，臺灣有 69 萬的老年人，差不多佔全人口的3.8%。可見臺灣人口的老化現象還不甚嚴重，臺灣還可以稱得上是一個年輕富有朝氣的社會，老年人在數量上說來，還不至造成什麼嚴重的經濟負擔。

可是我們必須注意到，今後的 20 年臺灣人口的老化會愈來愈嚴重。在 1985 年，老人大約佔臺灣人口的 4.3%；1990 年，大約是5.1%；1995 年大約是5.9%；到了公元 2000 年，大約是6.3%。可見，臺灣老年問題不一定是量的比例，而是量的增加。每 5 年臺灣老年人口大約增加了¼，也就是說每年的老年人口增長率差不多是 5 %；在美國，他們的老年人口增長率也只不過是 2 %。很明顯的，臺灣人口的老化趨勢比美國還嚴重，很值得我們大家警惕。

臺灣的老年問題，不在於人口老化所造成的經濟負擔，而是在於

表三：臺灣與美國未來老年人口增長率之比較

年度	老年人口(千人)		佔人口之比率		增長率(%)	
	臺灣	美國	臺灣	美國	臺灣	美國
1975	511	22,404	3.1	10.5	35.6	11.2
1980	693	24,910	3.8	11.3	25.3	9.4
1985	869	27,244	4.3	11.9	29.5	9.0
1990	1,125	29,691	5.1	12.5	27.0	4.5
1995	1,429	31,164	5.9	12.8	14.6	0.9
2000	1,637	31,451	6.3	12.7	—	—

資料來源：《1975 人口與住宅普查報告書》，第二卷，表三。美國人口普查局出版之 *Illustrative Projections of World Population to 21ist Century.*

老年人口的增加趨勢，所產生的福利需求。每年臺灣大約增加 5 萬名老年人。因爲整個臺灣社會正在激烈的變動，經濟急速的成長，勞動力頻繁的跳動，年輕人離農又離村，抛棄了年老的父母，讓他們孤守家園；一旦有三長兩短，恐怕只好大嘆「子欲養而親不待」了。若是有良好的社會福利措施，能使這些孤獨無依的老年人，彼此可以促膝話家常，那該是多有意義的社會建設事業！

在未來的 20 年之內，臺灣老年人口的結構變動會產生一個很有趣的現象，那就是老年再婚率會大幅度的增加。在美國，往往是老年婦女比她們丈夫的壽命更長。因之，老年人的性比例大約是 68 個男的對 100 個女的，而且這個比例愈來愈低。可是在臺灣正好相反，在臺灣老年人當中，性比例還相當均勻；而且是老年的男人會愈來愈多。譬如說，在 1985 年我們預測，老年的男與女之比大約正好相等，100 個男的對 100 個女的。在這麼多寂寞的老年男人的追求下，老年的女人變成奇貨可居；因此，老年人的婚姻市場很可能再度興旺，這是從事婚姻諮詢的社會工作者不可不注意的現象。

在人口老化尚未變成一個嚴重的經濟負擔之前，臺灣正是適合推展全面的社會安全制度的時候。社會安全制度的基本原理，就是以年輕人的生產力來負擔老年人的生活。若是年輕人的生產力降低，或者老年人的人數過多，兩者都會造成社會安全制度的破產；可惜這兩個現象在今日的美國都很普遍，幸而在臺灣都不嚴重。晚近 30 年來，臺灣社會安全制度的發展已經逐漸有了完整的雛型。現今臺灣的社會安全制度涵括了三個重大社會面，那就是軍保、公保、與勞保。總共加起來，軍人、公務員、以及勞動者大約佔了臺灣勞動人口的60%以上。若是農民保險也盡快的推展，那麼全民保險的境界可以拭目以待了。

不過，社會安全制度有利也有弊。我們不能盲目的鼓吹社會保險的重要，而忽略了它的弊病。社會安全制度是個很好的理想，可是

表四：臺灣與美國未來老年人口性比例之差異

年度	男性人口(千)		女性人口(千)		性比例(%)	
	臺灣	美國	臺灣	美國	臺灣	美國
1975	232	9,176	279	13,228	83.3	69.4
1980	335	10,104	358	14,807	93.5	68.2
1985	437	10,994	432	16,251	101.1	67.6
1990	589	11,957	536	17,734	109.9	67.4
1995	762	12,525	667	18,640	114.3	67.2
2000	836	12,593	802	18,858	104.2	66.8

資料來源：同表三。

「人謀不臧」往往是與之俱來的傳染病。因爲它牽涉到極龐大的錢財數量，若是經營不善的話，不僅不會替一般人民謀福利，相反的，會造成社會的變動。假如我們臺灣的社會保險支付，也像美國那麼高的話（每人每年大約總收入的７％），那麼臺灣一年的社會保險金額，可能高達五百多億的新臺幣。這麼龐大的金額，難免引起各方人士的虎視眈眈。萬一支出不平衡的話，那就是國家破產了。

既然社會安全制度是這麼一個重大的社會投資，並且社會安全制度的成敗與社會人口結構的變動息息相關，因此，今後臺灣社會安全制度的發展，有待人口統計學者的奮發努力。我們在表五提供一些粗淺的估計數字，做爲社會行政的參考。表五所示的是臺灣的勞動生命年數的估計。勞動生命表主要的目的，是探測人口結構的變動，對於整個社會安全制度會有什麼影響。一個社會的勞動生命年數(EW)，可以用底下的公式來計算:

$$EW=\int_x^m L(x)\cdot W(x)\cdot dx/(l(x)\cdot W(x))$$

這裏的x是代表年齡，m是年齡最高值，W是勞動參與率，l是存餘率，L是生命表的人口數。依據我們計算的結果，臺灣男性勞動生命大約是 43 年；也就是說，假如他 15 歲進入勞動市場的話，他將於58歲退休。這樣的勞動生命值是很高了，因爲一個人的勞動生命過程中，總免不了種種的波折，譬如失業、傷殘、甚至於死亡等等。當然，一個社會的勞動市場愈興旺的話，那麼勞動生命值就愈高。我們看近二十年來，臺灣的勞動市場確實極其興旺，1964年臺灣的勞動生命值只有 41 歲，12年後，就增加到 43 歲了。相反的，美國的勞動市

---

❽ 參考 Seymour Wolfbein, "The Length of Working Life", *Population Studies* 3 (1949); pp. 286~294.

場，在晚近 20 年內節節敗退。1960的美國勞動生命值是 45 歲，到了 1980 年，已降到了 43 歲。

表五：臺灣與美國男人勞動生命長度之比較

年齡	勞動生命長度				一般生命長度	
	臺灣		美國		臺灣	美國
	1964	1976	1960	1980	1978	1977
15	41.1	43.2	44.7	42.9	55.5	55.9
20	36.4	38.5	39.9	38.2	50.8	51.3
25	31.7	33.8	35.2	33.6	46.2	46.8
30	27.1	29.1	30.4	28.9	41.6	42.2
35	22.7	24.5	25.7	24.2	37.0	37.6
40	18.2	19.9	21.1	19.6	32.6	33.1
45	14.2	15.7	16.7	15.4	28.2	28.7
50	10.3	11.7	12.6	11.4	24.0	24.5
55	7.0	7.9	8.6	7.6	20.0	20.6
60	3.9	4.1	3.8	4.2	16.3	17.0

資料來源：退休年齡訂為65歲。臺灣資料取自 *Quarterly Report on the Labor Force Survey in Taiwan,* Oct. 1964 and April, 1978, *Demographic Fact Book in the Repullic of China,* 1964 and 1977. 美國資料取自 *U. S. Census of Population,* 1960, PC (2)-A, *Vital Statistics in the United States,* 1961 and 1977, *Employment and Earnings,* April, 1980.

為什麼勞動生命值在臺灣愈來愈高，而在美國卻是愈來愈低呢？當然有很多理由，但是基本上有兩個重要的因素：一個就是一般人壽命的增加；另一個是勞動傾向的提升。近30年內，臺灣的生活水準及公共衛生大大的改進，一般人的壽命增加了不少。在 1955 年，臺灣

的生命預期值 (Life Expectancy) 差不多是 62 歲了，到了 1980 年，它已經增加到71歲了[9]。已經快趕上美國了。但是依我們看來，生命預期值的增加，對勞動生命值的影響並不大。譬如說，美國一般人的生命預期值也是愈來愈高，可是勞動生命值爲什麼反而下降呢？

其實我們可以用一個很簡單的方法來求證，那就是對換計算的方法。假如我們用 1964 年的生命表人口數（L)，乘以 42.3 歲。同樣的，假如我用 1964 年的勞動參與率，乘上 1976 年的生命表人口數，所得到的勞動生命值差不多是 41.9 歲，由這個比較，我們可以很明顯的看出，影響近30年來臺灣勞動生命提高的重大因素，是就業傾向的提高，並不是一般人壽命的增加。

我們有充分的理由相信：臺灣今後 10 年內，就業傾向一定可以繼續的提升。也就是說，臺灣今後的勞動生命值，也會因而大幅度的增加；其結果，會促進社會保險制度的健全化，因爲繳納社會保險金的勞動者會增加。從這個角度看，臺灣未來社會安全制度的發展，可以說是前途光明，若是爲政當局不把握住機會，坐失良機，等到20年後，臺灣的人口結構改變了，那時才要推展福利，很可能就會困難重重了。

六、婦女就業與社會地位

今後的一、二十年內，臺灣的勞動人口將繼續不斷的膨脹，這大概是無可置疑的推論。不論國際經濟如何變動，臺灣的人力資源一直是相當豐富的。尤其是臺灣的婦女勞動力，尙是埋在地下的寶藏，沒

---

[9] 行政院經濟建設委員會出版 *Social Welfare Indicators, Republic of China*, 1980, Table I-7.

有好好的開發。在過去三十年內，我們已經看到臺灣婦女在社會所扮演的角色，日益提高、愈來愈重要。當然，這股趨勢所代表的是歷史潮流。在臺灣如此，在世界各地也都如此。因此，不管外在的客觀環境怎麼變，婦女的大量湧進勞力市場，就像風起雲湧，是不能被任何環境力量所嚇阻的。

其實臺灣婦女社會地位的提高，可說是中國現代化的延伸。自從民國建立以來，經過五四運動的思想衝擊，婦女的小腳被解放了，她們開始走出厨房，可以與她們的兄弟在事業上一爭長短。當然，這種風氣，開始只局限於中上家庭出身的婦女，在廣大的農業人口裏，還是很稀有的現象。在臺灣，婦女勞動參與率的提高，很可能與「耕者有其田」政策的推行有關。在地主、佃農的制度之下，田地的耕種權只分配給男人，不給女人的；一旦土地變成小家庭私有，男人與女人可以一起併肩努力；尤其是當臺灣的工業開始起飛之後，男人大量的吸進工商業界，耕種變成女人的事業，於是婦女的勞動參與率自然的提高了。

另外一個影響婦女勞動力提升的因素，就是生育率急速的降低。我們在前面已經討論過，近三十年來臺灣社會結構最大的變化，就是家庭組織的減縮。自從 1958 年以後，臺灣人口的生育率節節下降。雖然社會學者不能明確的告訴我們，究竟生育率的降低與婦女勞動力的提高，何者爲因？何者爲果？但是我們敢大膽的假定，兩者之間密切互動的關係是無可置疑的。很可能在許多的個案研究當中，我們比較容易發現生育率的變動，扮演著決定性的角色。因爲，生育力是個很複雜的社會現象，它的變動受著許多社會結構行爲因素的影響，不單只是勞動力而已；反過來說，婦女的勞動參與在相形之下，比較是個單純的社會行爲，往往是當家庭結構產生了大變化之後，婦女的勞動參與也隨著提高了。

人口生育率的降低與婦女勞動力的升高，是個很重要的社會學研究的課題，因爲臺灣模式很可能在今後許多發展中國家出現，值得我們對這個問題做進一步的探討。從表六所示，我們可以看出，臺灣生育率的降低是根據「斷切模型」(Truncation Model) 而不是「拖後模型」(Postponement Model)。所謂「斷切模型」與「拖後模型」，是概括生育率降低過程的兩個主要型式。所謂「斷切模型」，是指生育率的降低主要是因爲一般婦女希望及早結束她們的生育年期，不願在 30 歲以後還承受懷孕的累贅。所謂「拖後模型」是指，一般婦女儘可能的拖延她們的懷孕機會，等到二十多歲才開始生男育女。我們從表六可以發現，臺灣婦女生育的變化，最明顯的是30歲以後，生男育女的機會大大的減低；可是在 25 歲以前，生育率並沒有多大

表六：臺灣婦女之年別生育率，1975～1978

年　齡	1975	1976	1977	1978
15-19	37	38	37	36
20-24	194	213	194	194
25-29	215	240	206	213
30-34	83	87	73	73
35-39	27	28	23	20
40-44	8	8	6	5
45-49	2	1	1	1
總　數	2,830	3,075	2,700	2,710

資料來源：C.M. Wang and T.H. Sung, "Taiwan, Republic of China", *Studies in Family Planning* (November, 1980), pp. 343～350.

的變化。也就是說，「拖後模型」不是臺灣生育率降低的主要方式。

我們再看臺灣婦女勞動年齡的變化，就如圖一所示，變化最明顯的也就是發生在 30 歲以上的婦女。譬如說，在年齡 30～39 的婦女當中，勞動參與率在 1964 年是27%；到了 1978 年，它急速的升高到43%，總共增加了15%，這是所有的年齡組織中最高的。從臺灣的例子，我們可以找到兩個結論: (一)婦女生育率的降低與勞動力的增加，變化最明顯的是在30歲之後，也就是生育年齡的後期。很可能是臺灣傳宗接代的觀念仍然很強，爲了向祖先有所交代，生育是必須的，因此一般婦女儘早結束她們的生育期，然後她們可以參與勞動市場。(二)因爲生育率的降低，主要是根據「斷切模型」，可是在生育年齡的末期，婦女的生育力本來就不高，所以我們敢預測，今後總生育力並不可能有多大的變化；然而，婦女的勞動力卻會繼續的升高。

時至今日，臺灣的婦女勞動參與率已經高達38%，也就是說，3 個婦女之中，至少有一個是在外謀生的。這麼高的勞動參與率，差不多與20年前的美國婦女相等。譬如說，1960年的美國婦女，35～39歲的勞動參與率是40%。從這個數目的比較，我們可以看出，臺灣婦女勞動傾向的變化，差不多慢了美國 20 年。可是，從社會變遷的動態看來，往往是後來者變動的速度極快。因此，今後可能不需要20年，臺灣婦女的勞動傾向，可以達到與今日的美國婦女相等的水平。那時臺灣的婦女勞動參與率，將可以達到50%以上。

假如臺灣婦女的勞動力，可以趕上美國婦女的勞動力的話，那麼整個臺灣的勞動市場會受到很大的震撼？這個問題的答案可以從表七找出來。有如表七所示，假如今日臺灣婦女的年別勞動參與率，跟美國婦女一樣高的話，則今日的臺灣婦女勞動力，差不多應該是 333 萬人。可是事實上，我們只有 223 萬人；總共缺少了 110 萬人。也就是

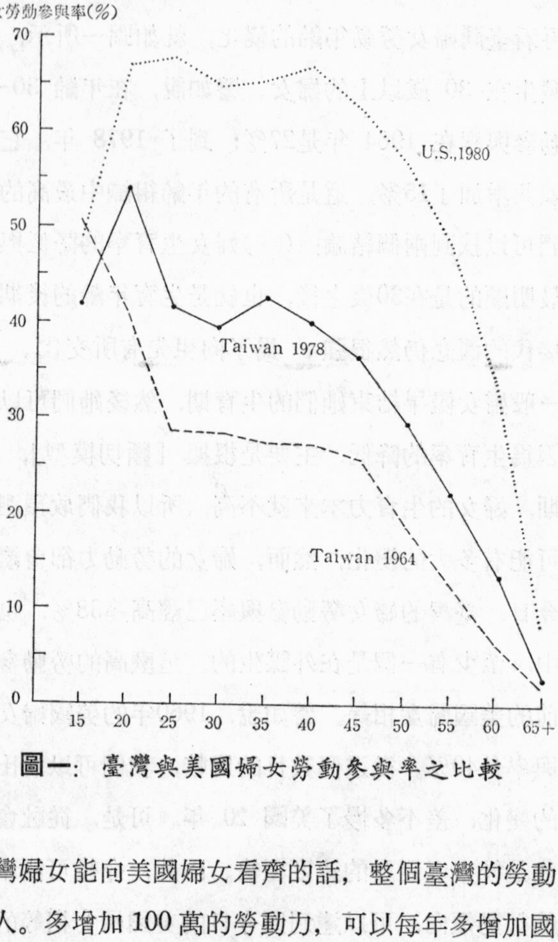

圖一：臺灣與美國婦女勞動參與率之比較

說，若是臺灣婦女能向美國婦女看齊的話，整個臺灣的勞動力可以增多了 100 萬人。多增加 100 萬的勞動力，可以每年多增加國民生產額至少 1,200 億元以上。由此可見婦女勞動力的提高，對臺灣整個社會經濟會有多大的貢獻。

今後，如果臺灣能有良好的社會福利政策的話，我們可以保證，未來的臺灣婦女勞動力一定可以愈來愈增強。因爲阻礙婦女外出謀生的最大因素，不外是看顧子女的辛累。雖然今後臺灣人口的生育率不可能再急劇的銳減，但是，至少經過社會工作者的努力，可以使出生後的孩子，不致成爲家庭婦女的累贅。若是社會福利的決策者，能夠注意到這一點，大量的推廣托兒所、育嬰院、以及其他的孩童保育設施，那不知可以惠施多少的家庭！可以免除多少家庭主婦的操勞！可以提高多少的國民生產力！很可惜，我們的政府官員還只是注意物質建設。當然，建機場、造電動車，這些動不動就是出資兩百億的設施，並不是不重要，但是「物有本末」之分，我們不能全心全意只推動可以看得見的土木建築事業，而忽視了人倫之間的精神建設。若是政府的決策者，也能拿出造橋鋪路的勇氣與決心來，我們不難看到兒

表七：臺灣婦女勞動力之潛在成長量

年齡	1980之臺灣婦女人口（千人）	勞動參與率		勞動力		
		臺灣	美國	實際	模擬	差別(%)
15	1,029	.420	.488	431	501	16.2
20	962	.546	.669	525	644	22.7
25	846	.408	.673	345	569	64.9
30	575	.397	.646	228	371	62.7
35	458	.427	.653	196	299	52.5
40	451	.402	.670	181	302	66.8
45	386	.357	.627	138	242	75.4
50	326	.297	.570	97	186	91.7
55	251	.223	.486	56	122	117.9
60	182	.144	.338	26	61	134.6
65+	358	.024	.082	9	29	222.2
總數	5,822	—		2,232	3,326	49.0

資料來源：同表四與表六。

童的福利健康可以大幅度的改進，而且未來臺灣的婦女的勞動力，也能大幅度的提高，整個國民生產額也能急劇的增加。

從統計的資料看，有如表七所示，未來臺灣婦女勞動力增加的趨勢，可能是年紀愈高的婦女，其增加的可能性愈高。譬如說，20～24歲年齡組的，可能增加的勞動力大約只有23%；可是在 30～34 歲年齡組的，增加的幅度就達63%；在 50～54 歲年齡組的，可以高達92%。由此可見，人力資源政策最需要重視的對象，就是年齡較高的婦女。這些年齡較高的婦女，也正是需要社會幫忙的對象。因爲這些婦女已經待慣了家庭內的生活，逐漸喪失外出謀生的勇氣與能力，她們的社會接觸面也較狹窄。所以，她們最需要的社會福利政策，就是如何提高她們的就業能力。很不幸的，世界各國（包括我們在內）一談到職業訓練，只注意到青年的就業，並不注意到這些失落了的家庭主婦 (Displaced Homemakers)。這是我們社會福利工作者的罪過，我們應該有勇氣改正過來，提出一套可以幫助年齡較大（30歲以上）的婦女職業訓練的方案來；讓她們也能「人盡其才」，使她們的人力資源也可以被開採使用。

七、結　論

在這篇文章裏，我們主要的目的就是分析當前臺灣所面臨的幾個重大的社會問題。我們想要提醒一般社會福利決策者的注意，讓他們認識到社會福利事業並不完全是花錢的生意。同樣的，經濟事業也不完全是賺錢的事業。社會福利事業就好比一個人注重身體的營養，雖然是花錢，但是有了健康的身體才能從事生產，才能賺錢；否則，面黃肌瘦，禁不起風吹日曬，縱然有家財萬貫，錢財滾滾而來，也是毫無用處。一個國家的決策者，若是把福利事業只當成財政的負擔，希望愈少愈好，那就是短視；他們可能給國家帶來了長期的傷害。

我們的研究分析結果，找出了五個結論來。爲了便於了解，簡單的敍述如下:

第一，臺灣人口的壓力，一定是愈來愈嚴重。在未來的20年內，臺灣人口很可能每5年就增加了200萬人；也就是說，每年差不多增加 40 萬人。因此，政府應該繼續的增強家庭計劃的努力。雖然我們並不以爲，家庭計劃本身會產生什麼突破性的效果，但是至少家庭計劃的努力，可以有效的防止婦女生育力的提高。尤其生育年齡的婦女人數愈來愈多的話，倘若沒有有效的家庭計劃措施，那就可能會造成更驚人的結果。解決人口壓力的另一個福利政策，就是追求人口分佈的均衡化。經由稅收及鼓勵的方法，臺灣或者可以在人口政策上建立第二個奇蹟。

第二，急速的人口增加，無疑的會造成強大的住宅需求。每一年，臺灣大約需要 10 萬棟的新住宅，才可以滿足人口增加的需求。在 1980 年代，後半期的住宅需求可能比前半期尖銳得多。當今國民住宅的興建，頂多可以解決 1/10 的住宅需求量。我們在這方面的努力，遠遠的低於西歐各國。

第三，人口的老化，在臺灣還不是個重大的社會問題，可能要到1990 年代的末期，老年人口才會眞正變成一個很沈重的社會經濟負擔。不過，社會福利者應該注意到: 臺灣老年人口正在急速的成長，在未來十年內，老年人口可能增加一倍（大約從70萬增加到110萬），因此老人的福利有待加強。說不定將來的老年再婚率會增加，若是如此，則我們就需要許多的老年婚姻介紹的社會工作者。

第四，在臺灣的老年人口還不成爲社會的經濟負擔之前，我們應該把握時機，儘管的建立一套完整的社會保險制度。在未來的 10 年內，臺灣勞動力將是愈來愈高，因爲就業機會及就業人口愈來愈多的緣故。另外一方面，退休後的壽命年數可能不會增加得太快。當今，臺灣的男性勞動生命年數大約是 43 年，還可以增加的；退休後的壽命大約是 20 年，已經算很高了，不太可能再增高。

第五，臺灣今後的勞動市場，最可能產生波動的是婦女。過去二十年來，婦女勞動力的急速增加，是臺灣社會史上未曾有的現象。現在臺灣婦女的勞動參與率，已經高達38%。我們預期在今後的 10 年內，還會繼續的成長，很可能提高到50%。因此，爲了解決婦女就業的困擾，社會福利決策者應該提出一套方案，一方面急需推廣托兒育嬰的設施，一方面急需加強中年婦女的職業訓練。在雙管齊下的政策推展中，我們可以預期臺灣人力資源的開發，一定可以比過去 30 年更輝煌，更有成就。

第五章　社會發展與貧富差距

一、前　言

分配的不均，可能是社會問題中最嚴重的一個。所謂「不患寡，而患不均」也就是把分配不均看成是比貧窮更嚴重的問題。這種立論，透露出社會一般人對「所得」分配的看法。晚近的社會學家提出了「相對的貧困 (Relative Deprivation)」這個概念❶，就是用來說明：貧窮的存在，並沒有絕對的標準。消滅貧窮，其實是不可能的社會政策；因爲貧窮本來就是一個相對的名詞。「貧」與「不均」是不可能分開的；窮人會感到自己窮，就是因爲他們跟富人比較出來的。有了不均的現象，才會有貧窮問題的存在；談貧窮問題，必先談到分配不均的問題。

貧窮沒有辦法消滅，也就是說，社會的分配永遠沒有辦法完全平均。孫中山先生在《三民主義》的講義裏，也提到了這個問題。所謂「假平等」與「眞平等」的分別。一味的強調分配的完全平等，那是平頭點的平等，也就是假平等。當做口號可以，事實上是辦不到的。

---

❶ 詳見 W. G. Runciman, *Relative Deprivation and Social Justice,* Berkeley and Los Angeles, California: University of California Press, 1966.

一個良好的社會政策，是要追求立足點的機會平等，讓社會上每一個人可以公平的競爭，可以有相同的致富機會。

社會學裏的功能論 (functionalism)，也認爲分配的不均，是個無可諱言的事實。社會的存在，就有階層的區分❷。因爲有不同階層的相輔相成，彼此間的需要，才會有社會結構的延續。依據 Kinseley Davis and Wilbert Moore 的看法❸，分配不均所依據的基礎有三：一是社會功能重要的不同。發明家和抄襲者對於技術的發展有不同的貢獻，因此，所得的分配也就有所差異。二、不同的行業，所需要的技術訓練程度也有分別。醫病需要專門的知識和長期的訓練，淸道夫則是人人可以做的，待遇當然就會有差別。三、個人的智慧能力本來就有不同，有的人善吹號，有的人會彈琴，有的人過目不忘，有的人天性懶散。在這種不同的條件之下，雖然社會給他們相同的機會，讓他們去發展，他們終究的結果，也會有差別的。

社會分配是不可能完全平均的，這大概是天經地義的事實。不過，我們不可以因此否定了一切朝向平均的努力。古人所謂「不平則鳴」，在一個分配極度不均的社會，社會發展也會遭到極大的損害。政治的不穩定，就是最明顯的例子。居住在南美洲社會的人，都會深深的感覺到這種痛苦的經驗。那個社會貧富之懸殊，是舉世所公認的。無數的野心政客，以縮短貧富做口號，造成了社會的不安。縱觀世界各國，我們幾乎可以發現這麼一個事實：社會分配不均愈嚴重

---

❷ 參考 Judah Matras *Social Ineuuality, Stratification, and Mobility*, Prentice-Hall, 1975, Ch. 3.

❸ 社會階層的論著極多，可以說是汗牛充棟，可是戴維斯與摩爾的這篇文章，卻成爲古典：Kinsley Davis and Wilbert Moore, "Some Principles of Stratification", *American Sociological Review*, April, 1945, Vol 10, pp. 242～249.

的國家，政治也愈不穩定，這是值得我們警惕的。

在今日的中華民國，我們談貧富不均的問題有兩種意義：第一我們的立國精神，是以三民主義爲準繩，以分配的平均爲一切社會政策的最高原則。二十世紀可以說是注重分配的時代。在過去，一般人受宿命論的支配，可以聽天由命，不願意爭奪個人的權益。窮苦的人，認爲是他前世做了孽，今世永遠沒有法子翻身。然而，今日，在民權主義的號召下，人人應該平等，應該有享受相同的基本權益的機會；因此，縮短貧富差距，成爲世界各地人民的共同願望。爲了實現三民主義，迎合世界潮流，我們必須注意貧富不均的問題，由研究瞭解實地的現象，進而尋求合理的社會政策。

其次，貧富不均的問題，在現階段的經濟發展中，可能是個愈來愈嚴重的問題。依據顧志耐 (Simon Kuznets) 的看法，貧富不均的程度，和經濟發展有密切的關係：經濟開始起飛，產生了極大變動的時候，財富分配的不均，也就跟著嚴重了❹。也就是說，在自由經濟的體制下，個人有機會發揮他的才能智力，他們的努力，帶動了整個社會經濟的發展。同時，他們的報酬也就相對的增加了。在這種情況下，貧富不均的程度，也就愈來愈嚴重了。

這篇文章所討論的，是依據 1975 年臺灣省家庭收支調查報告的統計資料。我們想分析的主要問題有四：

(一)臺灣的所得分配不均嚴重到什麼程度？

(二)農家與非農家的預期所得有多大的差異？

(三)影響臺灣所得分配的平均化有那些因素？

(四)教育報酬率與所得分配有什麼關係？

---

❹ Simon Kuznets, "Economic Growth andIneguality", *American Economic Revew,* Vol. 45, March, 1945.

二、臺灣所得不均的程度

所得不均的程度，可以有不同的方法。一般常用的方法有二：一是基尼係數(Gini Coefficient)，另一是狄爾指數(Theil Index)。前者是較傳統的測量方法， 所依據的資料是各所得組合的家庭數分配。由家庭數的累積百分比，與所估總所得的累積百分比，我們可以畫出一條洛崙兹曲線 (Lorenz Curve) 這條曲線與代表著完全平均的直線之間的面積，也就是所謂的基尼指數。

我們從圖一，可以看出臺灣所得分配不均的程度。在臺灣地區，一半的人口僅擁有30%的全國總所得 。也就是說， 全國總所得的70

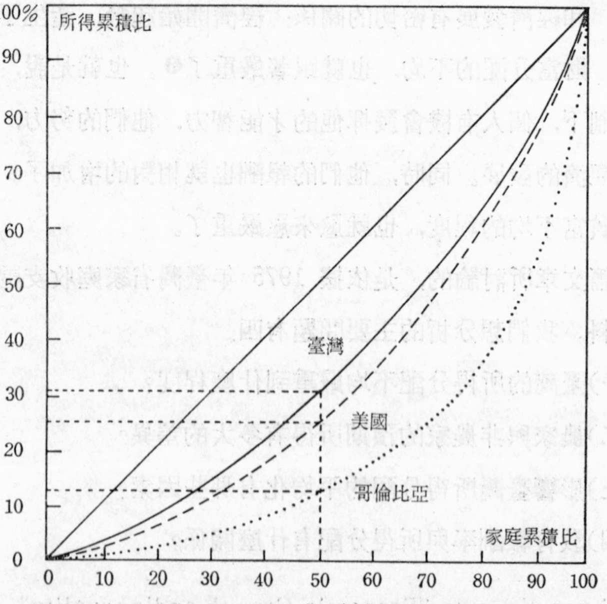

圖一：臺灣之所得差距與其他國家之比較

%，是在另一半人的手中。若是在一個完全平均的社會裏，一半的人口應該擁有一半的國家收入才對。可見，我們的社會分配不均的現象仍然有。不過，不可能有一個社會的收入分配是完全平均的。

以臺灣地區的洛崙玆曲線，和其他國家相比較，我們足以欣慰了。臺灣地區所得分配的現象，比起美國均勻得多。在美國，一半的人口僅擁有全國25%的總收入，比臺灣低多了。兩者差別的原因何在？答案很可能是種族問題。今日的美國，仍受著過去傳統歷史的危害：白人能享受到社會進步的珍果，只要肯努力，就有機會可以上進；黑人仍然停留在半開化的文化傳統裏，在貧病愚私的惡性循環中打滾。因此，種族之間的差異，阻撓了美國的社會平均分配，這是我們臺灣地區所沒有的。

另外，我們看南美洲國家之一的哥倫比亞，其所得分配的不均程度，比美國或臺灣更嚴重❺。就圖表一所示，哥倫比亞的一半人口，僅擁有13%的全國收入。反過來說，富有的另一半，控制了全國78%的財富。可見社會分配是如何的不均了。這也就是爲了在南美洲許多國家中，政治一直是不穩定的原因。

經由國際間的比較，我們可以看出臺灣地區的所得分配不均的現象，遠比其他國家輕微多了。雖然我們的成就並沒有達到完美的理想境界；但是，完全的平均是否具有社會意義，那是值得考慮的問題。從洛崙玆曲線，我們能算出基尼指數。在臺灣地區是27%，在美國是32%，在哥倫比亞是53%。在全世界中，可以低於30%的基尼指數的

---

❺ 資料得自 US Bureau of the Census, *Money Income in 1975 of Families and Persons in the United States*, 1977, 以及 Albert Berry and Miguel Urrutia, *Income Distribution in Columbia*, Yale University Press, 1976.

國家並不多見。

或許有人批評基尼指數不適合於比較分析之用，因爲它的彈性太小，變動率不夠敏銳，高低之間的比較不容易顯示實質的差異。並且，一個指數的被採用，除了它所代表的意義外，我們應當考慮這個指數是否可以推演出其他有關的指數來；這樣，科學才能愈來愈進步。基尼係數之劣於狄爾指數，也就在此❻。

狄爾指數是從信息論（Information Theory）導引出來的❼。信息論的基本假定就是：愈是難於發生事件，愈有新聞價值。因之，新聞價值與事件發生之機遇成反比。一件事之機遇，若是以 y 表示，則新聞價值變成了 1/y 的對數，或是 log 1/y。我們把新聞價值看成是一個函數。那種一般的信息量可以寫爲：

$$H(y)=\sum_i y_i \log 1/y_i \quad (1)$$

假定是一件事的可能發生是固定的1/N。這裏的N是總發生的次數。在這條件下的信息量是：

$$H(\frac{1}{N})=\log N \quad (2)$$

這兩者之間的差距，$H(\frac{1}{N})-H(y)$，也就是所謂的狄爾指數了，我們以T來表示：

$$T=\sum_i y_i \log N\cdot y_i \quad (3)$$

---

❻ 各種統計方法優劣之比較，請參考 P. E. Hart, "Entropy and Other Measures of Concentration", *Journal of the Royal Statistical Society*, Series A, Vol. 134, Part 1, 1971 p.p. 73~85.

❼ Henri Theil, *Economics and Information Theory*, Amsterdam: North-Holland pullishing Co. 1967.

這個公式可以用來測量一個社會分配不均的程度。T愈大，分配就愈不均。臺灣地區的狄爾指數大約是 0.132，算是很低了。美國的指數是0.204，哥倫比亞的是0.485，遠比臺灣地區的不均程度嚴重多了。因之，不管是任何一個統計方法，基尼係數也好，狄爾指數也好，我們獲得了相同的結論。

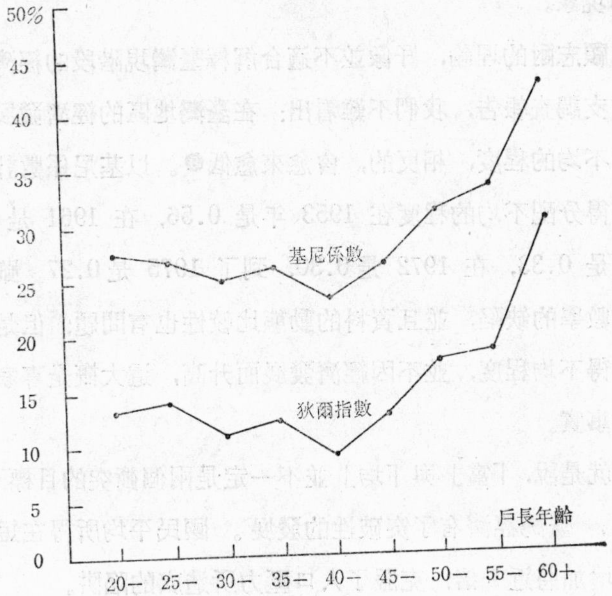

圖二：基尼係數與狄爾指數之比較

三、農家與非農家的所得差距

臺灣貧富之間差距的程度，比世界其他國家輕微得多，這是我們從上述的資料可以獲得的。不過這個結論僅是靜態的（或空間的）比較。每個國家有其獨特的歷史傳統，彼此之間有差異，那也是可想像而知的。我們不可以此自驕，認爲臺灣的貧富問題並不嚴重。

雖然我國貧富差距比外國低，可是，隨著經濟的起飛，這個問題是否越來越嚴重？這是大家所關切的現象。依據顧志耐的解釋，這是必然的現象。經濟的起飛，就是經濟結構的改變。農家所得相對的偏低，非農家所得則相對的偏高，經濟利潤的分配也就很難維持以往的狀態。只有等待經濟發展到成熟的階段，社會財富分配的不均，才會有緩和的現象。

然而顧志耐的理論，好像並不適合解釋臺灣現階段的經濟狀況。由家庭收支調查報告，我們不難看出：在臺灣地區的經濟發展並沒有加深財富不均的程度，相反的，會愈來愈低❽。以基尼係數計算，臺灣地區所得分配不均的程度在 1953 年是 0.56，在 1961 是 0.46，在 1964 是 0.33，在 1972 是0.30，到了 1975 是0.27。雖然基尼係數有它數學的缺陷，並且資料的動態比較性也有問題；但是，臺灣地區的所得不均程度，並不因經濟發展而升高，這大概是專家學者所能接受的事實。

這也就是說，「富」與「均」並不一定是兩個衝突的目標。最近幾十年來，臺灣經濟有了突破性的發展。國民平均所得在短短十年內，可以增加將近一倍；克服了人口壓力所造成的陷阱。

在這個生活水準大大提高的社會當中，富人愈來愈多，可是窮人卻愈來愈少；貧富的差距就不會有愈來愈嚴重的現象。尤其是當窮人減少的速度，遠比富人增加的速度還快的話，社會分配的不均就愈來愈降低了。

然而事實是否如此呢？這是晚近我國經濟學家常常討論到的問題。依據農家與非農家兩部分的所得分配看起來，貧富不均的現象不

❽ 詳見郭婉容，<臺灣所得分配之過去與展望>，臺灣經濟方向及策略研討會，1976.

僅沒有改善，反而有增加的趨勢❾。我們看每人平均所得的差距（如表一所示），在 1970 年，農家是 4,984 元，非農家是 8,454 元，也就是說農家約佔非農家的60%左右，到了 1972 年，這比例增加到66%。可是其後就愈來愈低了，又恢復到以前的60%左右的比例。

表一：農家與非農家每人平均所得之差距

	農　家	非　農　家	農家/非農家
1970	4,984	8,454	0.59
1971	5,842	9,209	0.63
1972	7,140	10,776	0.66
1973	8,153	13,472	0·61
1974	13,180	19,263	0.68
1975	14,274	21,285	0.67

資料來源：見❾及臺灣省家庭收支調查報告。

農家與非農家之間所得差距的增大，可能是促進晚近臺灣社會變遷的主要原因。最顯明的事實就是農村人口的外流，形成了都市的過分膨脹，以及自然環境的危害。就 1975 年而言，農家的所得仍然追趕不上非農家所得的增加速度。前者的每人平均所得是 73,000 元，後者是 90,000 元。也就是說前者約等於後者的60%。像這種差距的現象，在年輕的人口中最爲嚴重。譬如說，50～54歲的年齡組合中，兩者之比是 80%；但是在 20～24 歲的年齡組合中，卻只有 60%，這也難怪年輕人會大量的湧進都市，寧願拋棄自己在此生長的故鄉；因爲在這個生命週期 (Life Cycle) 階段，正是移動率最高的時候。

❾ 張漢裕，<所得分配的變動與經濟成長>，中國經濟學年會論文，1975.

表二：農家與非農家預期所得之比例

年 齡 x	就業率 P(x)	平均所得(萬元)		5•P(x) Y(x)	e^{-rx} (r=0.1)	$5e^{-rx}P(x)$ Y(x)
		每年 Y(x)	五年 5•Y(x)			
非農家						
20～24	0.750	8.8	44.0	33.0	0.779	25.7
25～29	0.941	8.9	44.5	41.8	0.472	19.7
30～34	0.978	9.2	46.0	45.0	0.286	12.9
35～39	0.976	9.8	49.0	47.8	0.173	8.3
40～44	0.973	9.9	49.5	48.1	0.105	5.1
45～49	0.950	10.5	52.5	49.9	0.064	3.2
50～54	0.888	11.2	56.0	49.7	0.039	1.9
55～59	0.816	11.0	55.0	44.9	0.023	1.0
60＋	0.299	10.7	53.5	16.0	0.014	0.2
總 計	—	90.0	450.0	376.2	—	78.0
農 家						
20～24	0.800	6.1	30.5	24.4	0.779	19.0
25～29	1.000	6.5	32.5	32.5	0.472	15.3
30～34	1.000	7.6	38.0	38.0	0.286	10.9
35～39	1.000	6.6	38.0	38.0	0.173	6.6
40～44	1.000	8.1	40.5	40.5	0.105	4.2
45～49	1.000	8.9	44.5	44.5	0.064	2.8
50～54	1.000	9.4	47.0	47.0	0.039	1.8
55～59	1.000	9.4	47.0	47.0	0.023	1.1
60＋	0.500	9.0	45.0	22.5	0.014	0.3
總 計	—	72.6	363.0	334.4	—	62.1

資料來源：1975年臺灣省勞動調查報告及家庭收支調查報告。農家之就業率在25～59歲之間假設為完全就業。公式中 x 之計算是以20歲為基準，即是年齡減去20歲。

一個人若是待在鄉村從事農業，比起另外一個人住在都市從事非農家的工作，兩者之間的預期所得 (Expected Income) 會有多大的差距？我們需要考慮的動態之因素，也就是說，設想一個人從就業開始，一直到他退休爲止，總共所得的淨餘值。其中還包括了他能獲得職業的可能率。我們若是以 x 時表示從業年齡，y(x) 表示在 x 時之平均所得，P(x)表示在 x 時之就業可能率，r 表示貼現率(Discount Rate)；那麼，一個人的預期所得 E 可以用底下的公式表示：

$$E = \int_{e}^{-rx} P(x)y(x)dx$$

表二是用這個數學模型來計算臺灣農家與非農家的預期所得。我們假設臺灣的貼現率是10%，而且農家在 25 歲至 60 歲間是完全的就業。計算的結果顯現出農家與非農家的預期所得仍然差了一大截。前者是62萬元，後者是78萬元。也就是說，若是一個人待在鄉村從事農業，比起另外一個人在都市從事非農業的工作，兩人的預期所得之差距，差不多是 0.8:1。

我們分析臺灣所得分配的差距，發現一有趣的現象，從整個臺灣地區的所得資料看，中華民國的所得分配好像是愈來愈平均，可是從農家與非農家的所得差距來看，又好像是平均的程度愈來愈不樂觀，這個看似矛盾的現象，我們應該怎麼解釋？兩者之間，到底存在著什麼關係？

要解答這個問題，我們首先要確定：農家與非農家的所得差距，佔了整個社會所得不均的比重有多大？狄爾指數的好處，也就是它能解決這個問題。就像變異數分析一樣，狄爾不均指數可以分解爲兩個部分：一是部門間之不均程度，一是部門內之不均程度。以 s 來表示部門數（如農家與非農家，s＝2），Ns 表示某部門之家庭數，Ys 表示某部門之所得，N表示總所得。則公式 (3) 的狄爾不均指數可以分解爲：

$$T=\sum_{s} y_s \log_e \frac{y_s}{N_s/N}+\sum_{s} y_s \sum_{i} \frac{y_i}{y_s} \log_e \left(\frac{y_i/y_s}{1/N_s}\right) \quad (4)$$

右邊方程式的第一項是部門間的不均程度，第二項是部門內的不均程度。

以這個公式來分析臺灣地區農家與非農家兩部門之間的不均程度，我們求得的數值是 0.005。整個臺灣地區的狄爾數是 0.132，比較起來，兩者的差別太大了。也就是說，農家與非農家之間的不均程度，只佔了整個臺灣社會所得不均的4％。這是個很低的比重。可見，我們不可以農家與非農家之間的所得差距的變動，推測整個社會的不均程度。因之，晚近農家與非農家所得差距愈來愈嚴重，並不影響整個社會不均的程度愈來愈降低。兩者之間並沒有矛盾的現象。

四、影響所得平均的人口因素

如上所述，臺灣所得分配問題，不是農家與非農家兩部門所得差距的問題。農家與非農家所得差距的增加或減少，很難大幅度的影響到全社會的分配不均的現象。因之探究臺灣所得分配不均程度的減低，不應該只注意到農家及非農家的所得差距。那麼，依據這個看法，我們應該更深一層的追究，到底是那些因素影響了臺灣所得分配愈來愈平均化的現象？

這個問題的回答，其實是很淺近的。首先，我們應該記得；近幾十年來臺灣最大的變動就是人口方面的變動。在中國的歷史上，我們第一次看到中國人開始有節制生育率的能力。幾千年來，中國人口的生育率一直是個常數。可是，近幾十年來，臺灣的生育率節節下降。

隨著生育率的減低，必然的，婦女的就業率也跟著升高⑩。有些婦女可以走出厨房，在外工作，增加家庭收入。從臺灣勞動力調查報告，我們不難看出婦女就業率卽是增加的速度。在 1965 年，就業的婦女約佔總就業人口的26%。5年後，增加到30%。到了 1975 年，婦女的比重升高到33%；也就是說，每3個工作者，就有1個女的。勞動參與率之高，世所少見。他們外出工作，賺錢來貼補家用。

婦女就業的增加是勞動市場上一個重大的問題。無論古今中外，男人的就業率幾乎是相當固定的。譬如說在 35 歲左右，勞動參與率大約是98%；很少受社會變動的影響。可是婦女就業率就不然了，波動的幅度相當大。隨著經濟型態的轉變，婦女就業率也起變化，晚近臺灣地區的經濟，大量的婦女湧進勞動市場，帶著他們應得的勞動報酬，回到家庭去，家庭的總收入也隨著增加了。我們應記住，婦女勞動參與率最高的是中下階級；他們的所得對於整個家庭的貢獻也最大。因之，原來是一個人的收入，現在變成兩倍的收入；中下階級的所得比重也就隨著提高了。這也就是爲什麼臺灣近幾十年來所得分配愈來愈平均化的主要原因。

家庭組織結構的轉變，可能是影響所得分配平均化的第二原因，大家庭的破滅也是中國近十幾年來的一大社會變遷。在以前傳統的社會裏，家庭近乎氏族；家庭的數目少，但家庭的成員多；家庭與家庭之間的懸殊也就來得大。就好比說一個團體有三個人，甲很有錢，乙與丙沒有錢，若是乙依附甲，則這個團體只有兩個家庭：甲與丙，財富的分配也就非常的不均。若是甲乙丙各個獨立的話，那麼，不均的

---

⑩ 生育率的降低與婦女就業率的增加，互爲因果；何者爲因，何者爲果，這是很難解決的問題，很可能兩種現象都存在。

程度就會減低；因爲乙丙同樣是窮光蛋！ 由這個例子，我們可以看出，當家庭組織結構受到外力的破散作用，形成了各自獨立的小單位，窮人數目增加了，在這種狀況下，社會的財富分配不均也會有愈來愈平均化的現象。

近十幾年來的臺灣社會，家庭的數目確實有很大的增加。在1960年，臺灣地區的家庭數只有 200 萬戶。5 年後增加到 230 萬戶。再 5 年後，停止在 230 萬戶，到了 1975 年，總共家庭數是 260 萬戶。可以說近 5 年來每一年的增加率是30‰。相形之下，人口的成長率反而較低；每年人口的成長率在這段時期只是20‰。由此可見，小家庭數

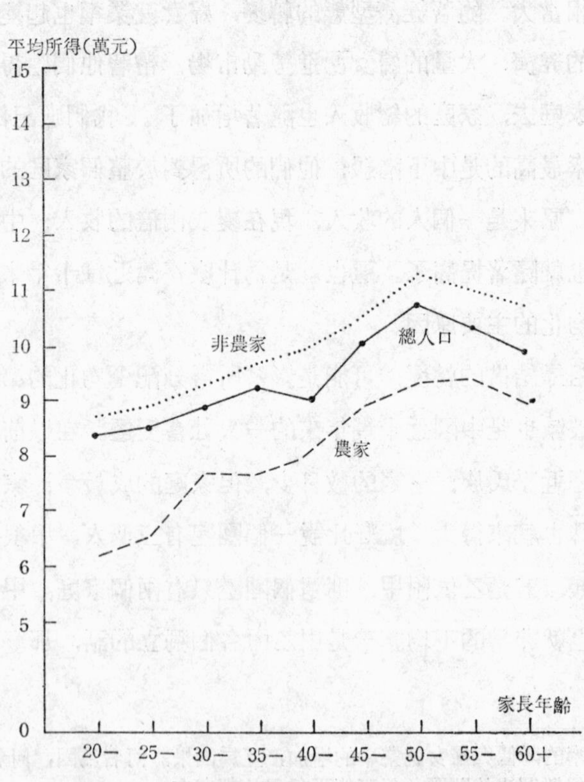

圖三：農家與非農家之年齡別平均所得

的增加是晚近幾年來的重大社會變遷。

小家庭的建立，很可能是受了人口移動傾向的影響。在一個靜止的社會，父子大多數是在同一個地方工作，因之，年輕人也不必另組一個小家庭；於是大家庭便這麼延續下來。然而在一個變動的社會，年輕人總是喜歡往外跑，不願意在老地方待下去，所以另組一個小家庭變成一個必然的現象。我們應該記住，年輕人的收入遠比不上壯年人的收入。如圖三所示，在臺灣地區，20～24歲的年輕家庭，平均所得每年只有 8 萬元左右。至於 50～54 歲的壯年家庭，平均所得每年就有 11 萬元左右。因此，年輕家庭的增多，就是表示低收入家庭愈來愈多；在這種狀況下，社會的財富分配也就愈來愈平均化了。

總而言之，晚近十幾年來臺灣財富分配平均化的現象，很可能是受了人口因素的影響。當生育率急銳的降低，人口移動率大幅度的增加，兩種人口因素變動的結果，首先受到衝擊的社會現象就是婦女在外就業率的增加，以及許多年輕家庭的獨立。這兩種社會現象的變動都直接的影響到臺灣社會的所得分配之平均化。

我們可以從臺灣社會的觀察中，導引出這麼一個簡單的理論模型來：

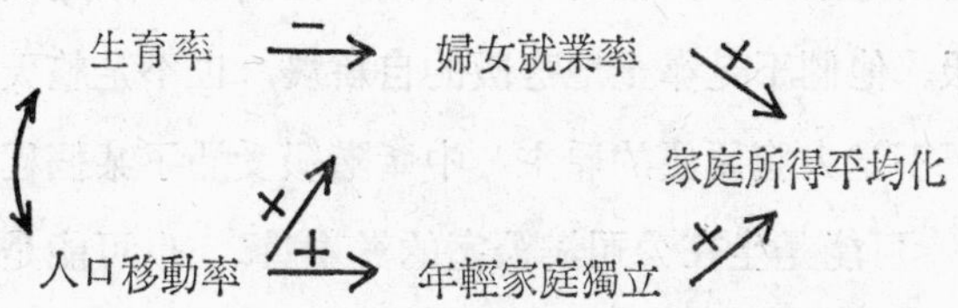

這個理論模型是否可以應用到其他的社會，那就有待以後的社會學者去探討了。

五、教育報酬率與所得分配

人口因素的變動，可以影響到社會財富分配的問題，這是我們已經說明了的結論。這個觀點並不是創見，其實有許多經濟學者和社會學者都曾經提到過，郭婉容教授（見❽）也以家庭的變遷當做解釋臺灣所得分配平均化的重要因素。這個觀點所以值得我們深加思考的緣故，就是它提醒了我們要注重經濟變動的社會因素。我們談經濟發展，不能只是遵循著傳統狹窄的經濟學理論，不能只是一味相信國際貿易銀行貨幣可以解決問題，許多社會結構因素對於經濟發展往往有決定性的影響。

除了家庭結構因素之外，另外還有一個社會階層結構因素，也對於所得分配的平均化有很大的作用。雖然馬克思盲目的強調社會只存在著兩個階級，有產與無產。其實，社會上絕大部分的人既不是有產，也不是無產，他們是中產階級。中產階級可以說是近代社會的脊柱；隨著社會的發展，中產階級所佔的比重也愈來愈大。任何經濟型態的改變，也脫離不了中產階級的參與。

中產階級是誰呢？依社會學的看法，他們大多數是受過中等教育的薪水階級。他們不是靠土地吃飯的自耕農，也不是整天三餐不繼的勞動者，更不是大腹便便的雇主。中產階級受過了某個程度的教育，能說能寫，可能是坐在公司辦公室的辦事員，也可能是技術的操作工。他們有固定的薪水收入；不太多，但是這些人的薪水總合，卻可以佔了國民所得的大部分。

在臺灣社會，這些人的數量比重，一年比一年的增加。依據臺灣勞動力調查報告，靠薪水吃飯的（不是自雇，也不是雇主，但是有收入），在1965年大約佔了總勞動人口的30%。5年後，增加到35%。1975年，已經突破了50%的大關。這麼多的人之收入狀況，必然影響到整個社會的所得分配情形。在臺灣地區，中產階級的所得分配狀況最大的特徵，就是非常的均勻。不管是初中畢業，或者是研究所畢業，兩者之間的所得差異非常之小。這個現象，我們可以由圖四看出來。譬如說，初中程度的畢業生，一年的所得差不多是 80,000 元，高中（及高職）畢業生，大約是 95,000 元，專科是 100,000 元，大學以上也差不多是 120,000 萬元。可見從初中程度到大學以上程度，兩者的所得差距很有限。前者約佔了後者的65%；也就是說，後者是前者的一倍半。

由此可見，臺灣中產階級所得分配的均勻與教育報酬率不高很有關係。一般人談到教育報酬的計算，總是應用底下的公式[11]：

$$V_s = y_s \int_s^n e^{-rt} dt \qquad (5)$$

公式中之 n＝教育及工作之總合年數。

y_s＝受過 s 年教育之每年所得。

V_s＝在 s 年教育之預期所得。

r＝教育報酬率。

t＝72年度

由公式 (5) 我們可以導出另外一種公式：

$$\log_e y_s = \log_e y_0 + rs \qquad (6)$$

應用公式 (6) 來計算臺灣的教育報酬率，我們所得的結果是：臺灣的教育報酬率很低，大約是 8 %左右。

---

[11] 詳見 Jacob Mincer, Schooling, *Experience and Earnings*, New York: National Bureau of Economic Research, 1974.

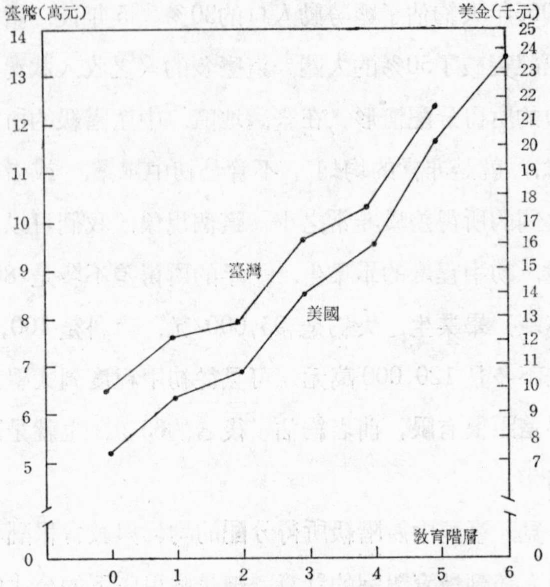

圖四：臺灣與美國各教育階層之中數所得

圖四也顯示出這個跡象。我們可以看出，臺灣的教育報酬率比起美國還來得低。美國的初中畢業生一年的所得，大約是10,800美元，大學生就高得多了，大約有 20,300 美元。兩者間之比，後者大約是前者的兩倍⓬。也就是說，在美國，教育報酬率相當高。我們用公式(4) 計算的結果，大約是12%左右，比臺灣高多了。

這是個很有趣的事實。我們印象上總以爲；美國是個勞動至上，人人平等的社會；不管你的出身如何，受什麼教育，只要你肯勞動，你就能得到跟別人一樣的報酬。反觀我們自己的國家，是個所謂士大夫思想極爲濃厚的社會。沒受教育的人整天三餐不繼，沒辦法吃得飽，教育像個敲門磚，只要通過了考試，就可以享受無比的富貴。

⓬ 詳見❺，p. 97.

「書中自有黃金屋」充分的表現中國人對教育報酬率的信心。可是由實際的統計資料來看，我們這種印象是個誤解，是個神話。現代的臺灣社會已經不是如此了，教育雖然有它應得的代價，可是這個代價卻是相當的低。一般人雖然仍是往教育的窄門擠，這是受著兩個原因的作祟：一是固有的士大夫傳統的觀念之束縛，一是人口壓力下就業的困難。經濟發展或可以解決第二種困難，可是第一個傳統的衝破，只有靠時間的作用了。

低教育報酬率有好處有壞處。在現階段的臺灣社會發展條件下，可能好處比壞處多。達到社會所得分配的均勻是好處，打破傳統的士大夫思想也是好處。這兩種社會力，都是我們國家的現代化所必須的。不過我們也應該記住，過分的低教育報酬率並不是一個完全美好的社會政策；因爲受這個政策影響最大的是中產階級，對於他們來說，唯有經過教育這條路才有擠進上層社會的可能！只有在公平競爭的教育體制下，他們才能享受起頭點的平等。

教育報酬率的提高或降低，這是政府部門最能帶動的社會政策。依據臺灣勞動力調查報告，政府部門的人員大約佔了所有雇員總數的30%。因之，若是政府部門能夠斟酌的調整教育報酬率，私營部門也會跟著受到衝擊，連帶的也會跟著調整。美國最近5、6年來的政府措施，就是朝著這個方向走，這可能就是美國教育報酬率比我們高得多的原因。

六、結　論

社會財富的分配問題，可能是二十世紀最重要的一個社會問題，若是說十九世紀是個生產突飛的時代，那麼二十世紀應該是個公平分配的時代。每一個社會，當經濟開始起飛發展的時候，財富分配不均的現象，也就跟踵而來。因之，我們不能先談經濟發展，然後再談社會福利，這是個頭重腳輕的社會政策，很容易引起社會的動亂與不安。富與均，必須是同時並進的社會政策。也就是我們現階段民生主義建設的一大挑戰。

基於我們以上計算分析的結果，我們可以達到一些結論:

㈠ 比起世界上許多國家來,臺灣地區的所得分配現象甚為均勻。

㈡ 不僅我國的所得分配較為均勻，而且，近十多年來，愈來愈平均化。

㈢ 雖然整個臺灣社會所得分配愈來愈平均化，但是，近十多年來，農業與非農業的所得差距卻沒有顯著減少的跡象。這是兩個不完全相關的問題,因為部門間的不均只佔著總社會分配不均的小部分⓭。

㈣ 促進臺灣社會所得分配平均化的主要原因，仍是人口結構的變動，連帶著影響了婦女就業率的增加，以及小家庭制度的普遍化；終於導致基尼係數（或狄爾指數）的降低。

㈤ 低教育報酬率也是造成所得分配平均化的主要因素。臺灣地區的教育報酬率比起美國低，這可能是現階段臺灣社會變遷必然的現象，不過，經濟發展到達這個階段，政府應斟酌的提高教育報酬率，以維護中產階級的流動願望。

這五點結論，都是經由統計資料分析的結果導引出來的，有其經驗事實的根據。不過我們應該知道；我們這裏所談的只是「所得」分

⓭ 此結論有待商榷之必要。本文在臺灣大學人口研究中心研討會報告，承蒙陳希煌先生指出：農家所得包括極大部分之非農業收入。尤其是當農村青年大量外移時，他們的非農業收入，大幅度的提高了農家的所得。因之，農家與非農家之間的所得差距，並不能表示農業與非農業之間的所得差距。

配，並不是「財富」分配，兩者很有關係，但絕不能混淆一談。眞正的財富統計，實在是很難獲得的資料，不論古今中外都是如此。「所得」與「財富」有什麼不同呢？最簡單的例子：一個人可以擁有整個公司，腰纏萬貫，坐的是公司最豪華的賓士轎車，住的是公司所有的豪華大厦，每天進出高級飯店，全部是公司付的賬；然而他的所得呢？只不過是公務人員的待遇。這就是「財富」與「所得」的不同。這一點可能是我們國內社會學界與經濟學界談社會分配的問題，常有意見紛歧的原因；這個區分是須要搞清楚的關鍵。

另外，從社會學的觀點看，社會分配的不均並不是一個純統計資料的問題；分配不均仍是主觀的認知問題。所謂「相對的貧困」就是這個道理。譬如說，共產黨對著大陸人民大談生活如何如何的改善，這種宣傳有何效用？從學理上看，實在是個大疑問。年輕的一輩，不會懷念著過去，他們根本不把過去的社會，當做他們的參考團體(Reference Group)，他們所認知的，所比較的，是黨政大員享受的是多大的特權；就在這種較量之下，貧窮與「不平」的觀念就產生了。

臺灣社會的財富分配是否愈來愈平均化？這也不是一個純統計的問題。我們的所得分配確實是世界上最均勻的社會之一。這是客觀事實可以證明的，也是舉世所稱讚的。可是臺灣地區最近十幾年來，經濟的突飛猛進，無可否認的，確實製造出許多大財主；他們的生活方式，又是經過大衆傳播加以顯耀表揚，使得一般薪水階級稱羨不已。所謂「大丈夫當如是也」，所謂「彼可取而代之」，都是造成社會不安的潛在力。如何促使大資本家發揚慈善公益事業，不顯耀私人的財富，這是當前最重要的社會政策。

第六章 省籍問題及解決之道

一、引　言

歷史不會重演，但是歷史的事實值得我們借鏡。我們先講個故事，當做這篇論文的楔子。

話說三百年前，正是康熙 22 年，公元 1683 年，清兵在鄭成功的叛將施琅率領之下，大舉攻臺，從六月到八月，僅是短短的兩個月時間，就結束了明鄭在臺灣的命運。其實，整個戰役只發生在澎湖的海上。當明鄭的海上艦隊被打垮了，鄭克塽只好率文武百官投降了。一個海島國的命運就是這麼脆弱。

清廷奪臺之後，曾經有過「棄臺」與「留臺」這兩政策的爭論。北京滿大人的意思是，只要把臺灣的反動勢力打垮了，祖國就統一了；臺灣留不留倒無所謂，他們主張，把全部的漢人強迫遷徙回大陸，化整爲零，這樣北京政權就可以高枕無憂了。幸而這個意見沒被採納。原因並不是北京的滿大人關心臺灣人民的前途，而是因爲國際利害關係的考慮。施琅曾經上了一篇〈臺灣棄留疏〉，陳述臺灣國防位置的重要，萬一漢人撤走了，荷蘭人會回來，明鄭遺民也會繼續危害北京的政權。於是基於現實的因素，並不是民族感情，清廷決定不放棄臺灣，開始設立了一府三縣❶。

這個歷史故事給我們兩個啓示：首先，北京政權積極的謀取臺灣，到底是爲什麼？是爲了解放臺灣人民於水深火熱之中？是爲了兩岸人民同枝同體的民族感情？或者是爲了怕蘇俄帝國主義會侵佔臺灣？可能都不是。說穿了，可能就像三百年前的滿大人一樣，封建王朝容忍不了異己勢力的存在。臺灣的獨立存在，讓那些北京的老人無臉見馬克思。（並不是無臉見祖宗，因爲他們不相信祖宗。）馬克思會罵他們：「你們這些（狗娘養的 SOB）怎麼不拿回臺灣？怎麼能讓人家譏笑我們社會主義的優越性？」

其次，明鄭三百年前那麼容易就被併吞，主要的原因是內部有問題，所謂「肉腐而後蟲生」。明鄭自己的領導班子不健全，所以才有施琅的叛變，演變成自相殘殺。當時的漢番之間也有很大的矛盾。漢人大約25萬，土著民族也有20萬左右，兩者之間勢如水火。套用現代人的一句話；他們並沒有「共識」。若是他們能夠全國一條心，絕對不會是一次海戰的失敗，就投降了；他們可以發動人民戰爭，清兵的補給線殘缺，絕對沒法子拿下臺灣的。

人民的共識，這並不是一句空話，它確確實實是現代戰爭所憑據的主要力量，我們看近二十年來，美國在越南的失敗，蘇聯在阿富汗的挫折，就可以證明人民共識的重要。若是全國人民有同樣信仰理念，而這種信仰理念又受到國際社會的支持的話，那麼無論那個國家多麼小，（小如北婆羅洲，）仍然會屹立存在的。

無可否認的，當今臺灣的生存繁榮的最大威脅來自中共；北京那些老人的一舉一動都可以危害到我們子孫的安全與幸福。因之，如何

❶ 楊熙著，《清代臺灣：政策與社會變遷》，天工書局，1985, pp. 49～51.

應付中共的統戰是臺灣最重要的課題，而臺灣內部的團結與共識則是應付中共威脅最有效的武器。基於這個考慮，我們這篇文章試圖分析臺灣社會裏的省籍矛盾的問題。希望經由分析讓我們更瞭解現況；若是我們能徹底瞭解現況，那麼，行政當局也就能制立可行的政策，促進我們內部的團結與共識。

本文首先要分析臺灣社會變遷與臺灣意識產生的社會背景。到底臺灣人是誰？這並不是一個簡單的問題。幾十年來國府對這個問題的態度總是以爲：只有中國人，沒有臺灣人。但是事實上，本外之分，人之常情，這種矛盲永遠存在的，只是因爲最近臺灣民主運動如火如荼的開展，讓本土化意識這個問題更表面化而已。

臺灣的本省人與外省人之間確實有不同的生活經驗與認知的差距。這是社會學的事實，我們不必要否認。本省人受日本五十年的殖民統治，生存經驗裏有苦辣甜酸各種味道，但是他們並沒有經歷過八路軍的燒殺搶奪。外省人是來自彼岸的移民，嘗受到家破人亡的苦痛。他們雖然不致於談虎色變，至少對於中共統戰的陰謀確實是深惡痛絕。因爲生活經驗的不同，政治的認知也有差異，這是本文分析的第二主題。

本文分析的第三主題是想探討外省人疏離意識與解決之道。有些人以爲，外省人是統治者，臺灣人是被統治者，這並不是持平的看法；也有些人認爲，外省人對於臺灣沒有認同，只是抱着牙刷主義，用完就丟，那也是偏差的看法。外省人的社區裏，有許許多多的社會問題，值得我們特別注意關顧的。

本文分析資料的來源，是最近兩期的普查結果，1975及1980年，(《臺閩地區戶口與住宅普查報告》，行政院戶口普查處編印。)另外我們也採用了行政院經建會出版的 *Taiwan Statistical Data Book,*

1986。詳細的卷數，在我們計算出的圖表上都有說明。

二、社會變遷與臺灣意識

近三十年來，臺灣經濟的繁榮，民主制度的進步，是中國近代史上少有的。雖然臺灣 1,900 萬人，在世界 130 多個國家裏排名只是38三十八位，但是，臺灣是世界上第11位的貿易大國，外滙存底排名在全世界前五名之內。國民平均所得，已經超過蘇聯及葡萄牙等西方國家，若是按照過去十年的經濟成長率，到了公元 2000 年，臺灣的經濟水平可以趕上今日的英國❷。

民主改革的推動，尤其是值得我們舉手高呼的。不管是人民的努力，或者是政府的領導有方，臺灣已打破千年的中國專制體制，開始進入兩黨競爭的局面。不管是執政黨或者是反對黨，雖然是對於憲法的解釋不同，但是大家對於法治的擁護則是一致的。

內政的繁榮與進步，國際的稱讚與羨慕，使臺灣的中國人產生了前所未有的自信與自傲。可是在這表面的繁榮進步之中，骨裏仍在存着一股的不安與疑懼：對岸的中共仍然是虎視眈眈，何時要「血洗臺灣」？我們的子孫幸福可以持續多少？於是，一般人不敢有千秋百代的打算，做生意只想撈一票就走，經濟犯捲款出洋，遠走高飛，反正政府沒有能力循由外交管道捉人回來。有能力有辦法的人，可以當空中飛人，飛來飛去；沒有能力沒有辦法的人，只好死守鄉土。這種矛盾，這種心態，也就是一般人所謂「孤臣孽子」的症候。在當今臺灣

---

❷ 有關臺灣最近發展的書，見 Yuan-li Wu, *Becoming an Industrialized Nation, ROC's Development on Taiwan*, Praeger, 1985.

的年青人當中，倒是相當普通。他們痛恨「牙刷主義」者，他們反對不跟臺灣認同的人，他們想在臺灣生根，求生存。

我們從人口結構上，不難看出臺灣確實是個年輕人獨霸的局面。從圖一我們可以看出，將近70%的臺灣人是 1950 年之後出生的。他們生長在中華民國的溫床裏，沒有「對匪鬥爭」的經驗。他們想念的，不再是北京小胡同的人情世故，而是愛河畔碧潭裏的濃濃細語；他們想吃的，不再是四川痲婆豆腐，而是臺南的担担麵。

這些年青人的教育水準奇高，世界局勢的消息也很靈通。九年的義務教育，讓他們幾乎99%可以由小學一年級，直升到初三。依據行政院經建會的統計資料，71%的初中畢業生可以升上高中或高職，而82%的高中（職）畢業生可以考上大專，也就是說，臺灣的年輕人，從出生開始，他們的大專畢業的可能率是57%。這樣的文化水準，比美國的年青人稍爲高些，當然是世界第一流的水準了❸。

從人口的結構上看，老一輩的臺灣領導階層已經變成了「少數民族」了。1950年以前出生的，僅佔臺灣總人口的30%；而這些30%當中，在大陸出生的，更是少之又少。我們採用人口普查資料，年齡別的外省比率，乘上各年齡的人口數，然後總合計算，我們發現，眞正是臺灣的「大陸人」，差不多是 100 萬，佔臺灣總人口的70%，而且隨着時間一直在下降❹。

從以上的分析，我們可以看出晚近臺灣本土化意識的興起，主要

---

❸ Council for Economic Planning and Developrment, *ROC, Taiwan Statistical Data Book,* 1986, Table 13-8, p. 276.

❹ 本文所謂「大陸人」是指大陸出生者，「外省人」是指在臺出生及在大陸出生之外省籍者，「臺灣人」則是在臺灣出生者，包括多數外省人在內。

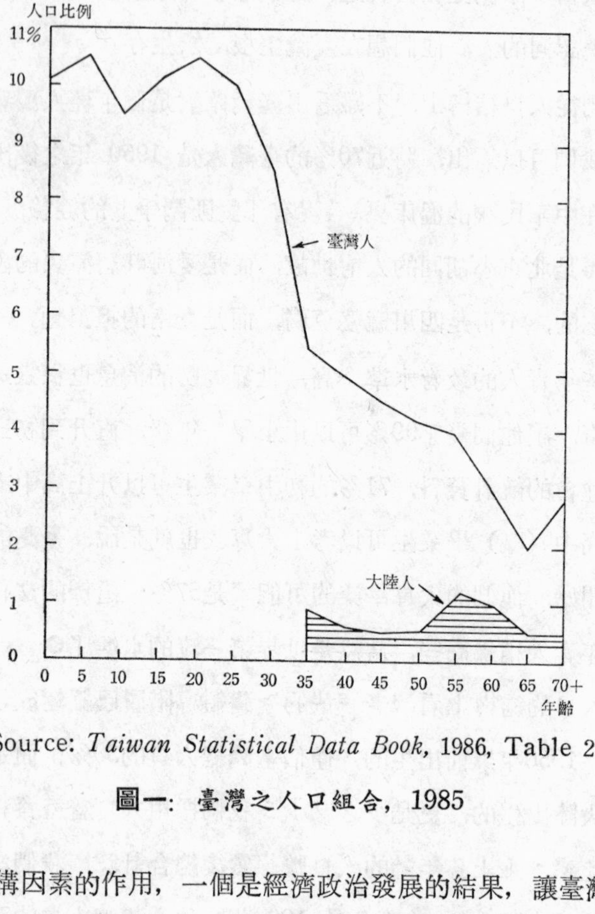

Source: *Taiwan Statistical Data Book*, 1986, Table 2.

圖一：臺灣之人口組合，1985

是兩個結構因素的作用，一個是經濟政治發展的結果，讓臺灣人有自信，可以成爲一等國的國民，不願屈居二等國的國民，而且他們有勇氣，敢挺身公開的表達自己的自信。第二個因素，是新生代的成長，他們的智識水準高，文化程度好。傳統對他們的拘束力愈來愈小。他們是「初生犢兒不怕虎」，有衝勁，敢面對現實應付挑戰。

然而，臺灣的本土化意識如何演變成政治的「自決」運動呢？無疑的，民進黨的「自決救臺灣」的口號，已經成爲他們的黨綱黨領，幾乎民進黨的候選人都是以它當成競選口號。執政的國民黨則是堅決反對「自決」，認爲它是分離意識，是「臺獨」，是數典忘祖。

「自決」本是個空洞的名辭，表面上的意義是冠冕堂皇，並沒有錯。「臺灣 1,900 萬人有權利決定自己的命運」，這是天經地義的道理。可是「自決」當成政治運動，就有商榷的餘地了。首先，自決人士認爲臺灣是個獨立存在的政治實體，中華民國就是臺灣，臺灣就是中華民國；也就是說中華民國並不代表中國大陸，也就是中共所討厭的「一臺一中」的觀念。其次，自決人士強調民意，1,900 萬人要當家做主，全面開放民選，臺灣人選臺灣的官。臺灣人要認同臺灣，以臺灣爲榮，不要以講臺灣話爲恥。（在臺灣小學裏講方言要罰錢的。）

自決運動的最終目的，無疑的是要切斷連體嬰，造成一臺一中的局面。自決人士以爲，這樣才是擺脫中共威脅的最好方法。一旦把臺灣變成獨立存在的實體，臺灣才會有國格；否則的話，死抱著「中華民國」的口號，沒有國際地位，處處受國際社會的排擠。

自決運動產生的最大的外在因素，就是近年來國府外交政策失敗的刺激。許多人以爲:「外交是內政的延長」，其實，外交的失敗，往往也會引起內政的困擾。中華民國近年來在國際社會處處受到中共的打擊與逼迫。國格的尊嚴幾乎蕩然。所謂「奧運模式」也者，不能拿自己的國旗，唱自己的國歌，自認爲自己只是「中國人的臺北」(Chinese Taipei)。這豈是一等國民的做法？

自決運動無疑的造成臺灣社會的動盪不安，加深了本省人與外省人的猜忌。許多老年的外省人，仍然抱着大中國的沙文主義，認爲臺灣是中國永遠不可分的一部分，自決就是出賣祖國。《人民日報》（海外版）在今年的一月十五日曾經轉載了臺灣的「反共義士」顏元叔教授的一篇文章，裏面有這麼一段生動的罵自決人士的話:

「世界上沒有任何政府，或政客敢說臺灣不是「中國」的領土……假使這位競選者一定要說自己不是中國人，這也沒有什麼關係。「中國」有十億人，不差一個人，「中國」之統一，中國人之再結合，是今後歷史發展的必然方向。」

三、省籍間的社會差距

臺灣本省人與外省人之間，對於中國大陸的認同，確實有些差距。但是他們之間，反共產，反極權，希望臺灣屹立存在，子孫萬代的繁榮幸福，這一方面的認同則是一致的。如何促進彼此的瞭解，更進一步，加深彼此的溝通團結，產生共識，這是當今臺灣內政最重要的課題。

1949年，國府遷臺，帶來了將近有200萬的移民，他們幾乎是中國大陸各省各地的精英人士，許多是留洋留學的智識分子，他們對於臺灣文化教育的發展有極偉大的貢獻。當今許多臺灣的知名人士，都是以前這些「大陸人」教育出來的。

時至今日，外省子弟的一般教育程度還是比本省子弟的教育程度高。我們採用 1975 年的人口普查資料，1/100 的抽樣。我們發現，外省籍的人口，佔了臺灣總人口的16.5%。外省的成年人口當中，有17%是大專教育程度的，本省人當中只有5%。

當然，隨着年齡愈低，教育的水平也愈高。我們用複項迴歸的統計方法，找出了下列的公式:

$$E=2.176-0.031(A)+0.422(S)+1.120(T)$$

E是代表教育程度，沒就學是0，小學是1，初中是2，高中是3，大專是4；A是代表年齡；S是代表性別，男性是1，女性是0；T

是代表籍貫，本省是0，外省是1。統計分析的結果告訴我們：在臺灣，年齡，性別，與籍貫這三個因素決定了一個人的教育水平。這三個因素的標準誤差分別是：0.001,0.046,0.053,也就是說這三個因素的顯著度很高，整個公式的複項相關係數高達46%。

這個公式很明顯的告訴我們：本省人與外省人的教育程度的差距大約是1.12，也就是差不多是一個教育階層。當然，隨着年齡，性別的不同，平均教育水準也會有不同，但一般說來，不管那一種身分，本省人總是差外省人一個階層。

由於教育水準的不同，對於人生體驗與看法也會有差異。但是本省人與外省人最大的差異，還是在於事業環境的分別。幾十年來，臺灣社會的特徵是：本省人賺錢，外省人當官。兩者涇渭分明，各不相干。我們從表一的統計數字，可以明顯的看出這樣的結論。外省人當中，有50%的就業者是在公營機關服務，而本省人當中只有16%。隨

表一：就業人口按省籍及工作性質分

工作性質	15-29		30-44		45-59		60+			
	本省	外省	本省	外省	本省	外省	本省	外省	本省	外省
雇主	1.4	1.6	5.4	7.6	5.8	4.1	7.9	3.4	3.8	4.1
自雇	8.5	7.1	30.4	5.4	45.5	15.8	62.4	27.6	24.2	12.2
家酬	21.5	5.5	18.8	3.3	14.2	1.4	7.9	0.0	18.9	2.8
私營	47.0	37.8	31.3	31.5	24.7	25.3	16.8	41.4	36.8	30.9
公營	21.5	48.0	14.2	52.2	9.8	53.4	5.0	27.6	16.4	50.1
Total	100.0	100.0	100.0	100.0	100.0	100.0	100.0	100.0	100.0	100.0
N in 1000	2,352	254	1,752	184	858	442	202	58	5,164	938

資料來源：1975人口與住宅普查抽樣調查特別報表。

着臺灣經濟的自由化，民營企業突飛猛進，本省人賺錢了，而外省人仍然靠公家吃飯，收入有限。

許多人以爲外省子弟在臺灣沒有前途，打不進商界，只能當小公務員，混混日子。這種觀點並不完全正確。我們看表一的人口普查統計，本省人中當雇主的企業家有4％，外省人也同樣的是4％，兩者正好旗鼓相當，不相上下。可見並不一定外省人在臺灣沒有什麼經濟基礎。

有兩種趨勢，說明外省人在臺灣的商業界仍然非常的活躍。第一，當外省人老年的時候，由公營事業退休，往往有很好的機會可以進入私人公司去服務，我們看表一，60歲以上的外省人，有37％進入私營單位，這是其他年齡層的外省人或本省人所沒有的。60歲以上的本省人只是務農，或者開個小商店而已。

其次，外省年輕人當中，企業家的比例有升高的趨勢。本省人的企業家（雇主）的比例，隨着年齡的下降而下降；可是外省人當中，企業家的比例，隨着年齡的下降而增加。這是個很有趣的現象。也就是，在本省人當中，「薑是老的辣」，可是在外省當中，則是「英雄出少年」。到底是什麼樣的社會結構因素，造成這兩種迥然不同的現象？這個問題，有待讀者自己去思考，筆者還沒有找到滿意的答案。

四、外省人的疏離意識

許多本省人，總是責怪外省人對臺灣沒有認同感，他們時時刻刻抱的是牙刷主義，來臺灣只是避難，一看情勢不對，又要逃到美國去。你跟他說阿里山的雲霧很美，他總是說我們故鄉的黃山雲霧更美；你跟他說臺灣的荔枝甜，他總會說我們福建的荔枝更甜。

事實上，故鄉之戀，人之常情。何況從我們圖一所顯示的，大陸人在臺灣，本來就只剩下人口的 5.7%。而且，在臺灣待了三十多年，沒有鄉土的感情絕不可能的，何況他們的子孫都是道地的臺灣人。

不過從人口普查的資料上看，外省年輕人的外移率倒是相當的嚴重。人口學上有個著名的定律，人口的性比例在正常狀態中應該是相當的穩定。出生時是 105 個男的，對 100 個女的；然後，隨着年齡的增加，性比例有下降的趨勢，除非是女性的生產死亡，或者是人口遷移的影響。我們看圖二所示，臺灣本省人的性比率，倒是相當的穩定，可是外省人的性比率，恰恰相反。

青年時期的(20～40 歲）外省人當中，性比例出乎意料的低，竟然可以低到25%左右。也就是說，25個男的比 100 個女的，這絕對不是常態。我們最先懷疑是男人入伍當兵的緣故，可是詳細一查，軍人也應該在普查計算之內。因之，唯一的可能就是，許多年輕的外省子弟離臺出洋了。

我們從表一與圖二對照一下，不難看出，許多年輕的外省人確實有很強的疏離感。雖然他們當中有些人可以爬上高位子，當企業家，但總是少數而已，絕大多數的外省年輕人（差不多一半）還是跟他們父母一樣，在公營的機關服務，吃不飽，餓不死。因之，如何輔導這些年輕的外省子弟，像本省的年輕子弟一樣，進入私營企業，或者開個小店鋪，這是我們必須推行的社會政策。

圖二同時也顯示出另外一個很嚴重的社會問題。在 1930 年以前出生的外省人當中，性比例奇高，可以高到400%，也就是說，400個男的對 100 個女的。這批人當年都是雄糾糾的愛國志士，如今則是55歲以上的老弱殘兵。他們當中只有70%成家立業，有子女可以照顧他

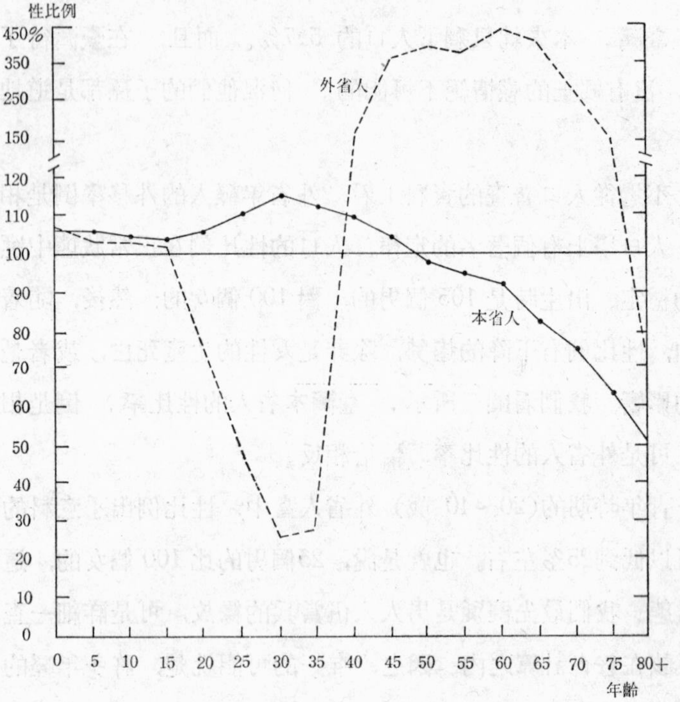

Source: *The 1975 Sample Census of Population and Housing, ROC, Vol. II,* Table 1.

圖二：年齡別之性比例按省籍分

們。其他的 20 萬人，則是名副其實的鰥寡孤獨者，臺灣社會有義務特別照顧他們。

這些孤獨的老年外省人，難免有的人確實是思鄉情切，希望在有生之年可以回故鄉看一看。筆者以爲，我們對付中共的反統戰政策，應該把握住三個原則：一是合情合理，二是因地因時，三是宜放宜收。讓這些孤獨的老年人，經過第三國間接進去大陸看看，那是合情合理的事。在此時此地，我們臺灣的聲勢地位佔上峯，中共正受內部鬥爭的困擾，處處不如我們，因此，適度的開放不會損傷我們的。萬一有什麼嚴重的不良後果時，我們仍然可以機動性的收束。若是一味的死板板的堅持三不政策，毫無彈性可言，那就是作繭自縛了。

五、結　語

本文一直強調的，就是「共識」的重要。臺灣的本省人或外省人，都像是在一條船上，必須互相忍讓，同舟共濟。本省人千萬不可把外省人看成是外來人，事實上，70%的外省人是在臺灣出生的，是道道地地的臺灣人。他們愛臺灣的心意，跟早期的移民並無兩樣。

外省人對於臺灣文化發展的貢獻，非常的重大。外省人並不是個小數目，他們有三百多萬人，約佔臺灣總人口的16.5%。而且外省人的平均教育水準很高，豐富的人力資源可以幫助臺灣的持續發展。

外省人千萬不可把臺灣的本土化運動，看成是野蠻的分離主義，解釋成要把外省人趕下海去。那是不必要的猜忌與誤解。雖然有些政客，強調他們有講「媽媽所教的話」的自由，那是政治秀，目的只是要提示大家不要以講臺灣話爲恥。不值得我們大驚小怪，以爲「狼來了」，外省人沒命了。

我們一直強調的公式是，瞭解——溝通——共識。我們不厭其煩的闡述自決人士的政治主張，目的就是要大家瞭解到，自決人士也是反共的。不管你贊成不贊成他們的手段，他們的本意也是想替我們的外交困境找出一條路來。

筆者個人一直以爲，臺灣的省籍矛盾，並不是個多嚴重的種族問題。事實上，社會差距總是有的，語言文化及生活背景也不盡相同。但這並不表示大家不能同舟共濟。筆者曾經計算過臺北市省籍間的隔

離指數 (Segregation Index)。依據1980年的普查，臺北市有29%的外省人口，省籍間的隔離指數，小到只有21%。可以說是社會背景的不同，可能產生的現象。不像在歐美社會裏，隔離指數總是在80%以上❺。

彼岸中共的威脅，是促成臺灣本省人與外省人團結共識的最佳因素。本省人與外省人之間，總免不了有矛盾，有小摩擦，就像兄弟之間也會有問題的存在。可是當外來的威脅姿態升高的時候，內部自然的會合心一意。若是臺灣的情勢持續下去，再過二十年，省籍之間的問題，就不是問題了。

這篇文章分析的結論是：臺灣本省人與外省人之間的關係，加上外在中共的威脅，正好是個三角關係。三者之間，試圖維持某種的利益均衡狀態。當中共的威脅增強的時候，本省人與外省人的共識力也會隨著增強。因之，我們千萬不要墮入分歧分子的圈套，以爲本省人與外省人之間有什麼誓不兩立的歷史淵源，二二八事變造成什麼深不可解的仇怨，（其實，70%的臺灣人根本不知道二二八是什麼一回事。）

臺灣現在所面臨的問題，不是省籍之間有什麼解不開的矛盾或衝突。其實，我們所看到的表面的緊張現象，其根本主因，是政治結構的問題；而造成這些政治問題的爭論，絕大部分是世代之間看法的差異與誤解。隨着時間巨浪的沖淘，許多不必要的爭端，將會自自然然的消失蕩沒。

---

❺ 資料取自《中華民國 69 年臺閩地區戶口及住宅普查報告》，第三卷，行政院戶口普查處，1982，表4，pp. 20～33。

第七章　臺灣政治精英的選拔與更替

一、前　言

政治是管理衆人的事；政治現象的好壞影響到每個人的生死存亡，甚至後代子孫的福利。儘管一般臺灣民衆，受慣了幾千年專制政治的桎梏，也慘遭半個世紀日本軍國主義的凌辱，對於政治產生了冷漠感：只關心眼前的個人利害，不願牽涉到長遠的大衆問題。其實，社會問題的重心，那有比政治更現實更重要的？研究社會福利政策的學者，想找出社會病根，一層一層分解剖析，追根究底，總會談到政治制度的問題；政治制度與行爲，於是成爲社會學研究的一個重要環節，這也是政治社會學的起源與根基。

可惜社會學研究法還沒有發展到登峯造極的境界，關於政治制度與行爲的研究，還只限於提供觀點的地步，未能達到理論演繹的階段。事實上，社會學的研究，一直在交叉路口徘徊。社會現象的探討，應該走「民主普同」(Democratic Universalism) 的路線，還是應該採取「階層殊別」(Stratified Particularism) 的觀點，那是見仁見智，沒有絕對的答案❶。

---

❶ 這裏所用的概念，採自 Talcott Parsons, *The Social System*, Free Press, 1951. 亦卽他所謂的 Pattern Variables.

我們知道，社會學的起源與人本主義的思潮是息息相關的。只有當市井小人的地位與意見，也可以被尊重；當他們的福祉，也可以被關心，那麼，「羣學」的基礎方可以建立起來。否則，一般人的信仰，還停留在「君權神授」的階段，只相信命運，只崇拜少數的英明聖人；那就不必舉辦什麼社會調查，不必搞統計分析去探測販夫走卒的高見了。因之，社會學的研究觀點，總是基於「一人一票」的民主普同原則；大部分的社會學者，總是同情弱者，總是對於權威者保持著某一程度的懷疑。

然而我們也知道，社會現象的演變，往往不是「一人一票」所共同決定的。古往今來，沒有一個團體或社會沒有階層存在的。所謂「人人生而平等」，卻只是理想；事實上，有些人總是比其他人「更平等」。政治社會學的基本肯定，就是社會存在著權力的不均分配。有的人有錢有勢，有呼風喚雨的本領；有的人家徒四壁，只能望「圓」興嘆。雖然「有」與「無」之間，並不是絕對的。一朝為王，也可能一朝為奴；兩者之間有變化流動的可能。可是，在某一個固定的時空內，上下高低的階層殊別倒是相當顯明的。因之，社會學的研究，就是要在一個固定的點上，來探討社會力的分配，來研究那些特殊團體如何的支配及帶動整個社會的進展❷。

本文的研究，仍是採用「階層殊別」的觀點。我們認為社會學的研究，應該局限在某一個時空上。那些追求「放之四海而皆準」的道理，那些探究抽象玄學的概論，也只不過是有閒階級的文字遊戲。把研究的範疇訂得太寬廣，往往不能產生什麼有意義的結果。相信「人人生而平等」，這是天經地義的事實，這是我們做人的必有態度。社

❷ Piet Thoenes, *The Elites in the Walfare States*, London: Farber & Farber, 1966.

會學者應該把研究的眼光局限在一個角落上，撇開玄學，專心去討論某一個時間與某一空間所產生的事實。基於這個觀點，我們自然不會否認：社會現象的原動力，其實是操在少數人的手中，這些人就是我們所謂的「政治精英」(Political Elites)。不管他們的手段是多麼的骯髒齷齪，不管他們的來路是如何的卑賤，他們掌握著社會發展的動向，操縱著你我子孫的未來命運。

很明顯的，從研究這些政治精英當中，我們可以瞭解到整個社會的發展與變動。事實上，一個社會能否正正當當的走上現代化的道路，也大都靠這些在位者如何的愼謀其事。因爲這些人的決定，影響到羣衆；社會的變化，也只有靠這些有心人的推動。社會上大部分人對事務的態度總是模稜兩可，而他們的意見也都無關緊要；他們所注意的只是柴米油鹽，只有當忍無可忍的時候，才會叫罵幾聲。

當然，政治精英並不完全是社會進步的推動者。雖然他們的影響力「可能」很大，但是他們有的是尸位素餐，毫無貢獻，有的甚至是開倒車阻礙了社會的現代化。到底誰是勇者、誰是弱者？這可能要看他們的晉升背景❸。若是傳統的階梯一步、一步爬上來的，很可能是蕭規曹隨的守成人物，不能有多大的魄力與改革的勇氣。相反的，若是因風雲際會而突然飛黃騰達的人，雖然他們不一定能有表現，但至少他們受傳統的包袱壓力較小，可以擺脫人情債，勇往直前。

不過有的社會學者並不以爲，政治精英的背景與他們現代化觀點息息相關。著名的社會學者波力多(Pareto)就認爲：不管政治精英的出身背景如何，一旦他們爬上那個地位，他們所注意的只是如何維護

❸ 社會背景的重要性，見 Lester G. Seligman, "Elite Recruitment and Political Development", *Journal of Politics,* 26 August 1964, pp. 612～626.

他們既得權益。他們對現代化的態度，只是隨風轉舵：若是社會上流行的是復古保守的思潮，他們個個也都跟著變成現代化的反動健將。依據波力多的看法：因爲政治精英一心一意只想維護既得權益，所以他們大部分都願意保持現狀，結果他們反而成爲社會現代化的阻力。

爲了社會的進步，政治精英一定要不時的更換 (circulated)，不能讓他們總是尸位素餐，「佔著毛坑不拉屎」。由此可見，若是政治精英在位的時間太長、太穩定，即可能是社會僵化的一個象徵❹。著名的經濟學家熊必德 (Joseph Schumpeter)也同意這個看法。他認爲若政治精英不時的更換，所達成的社會功能比反功能還大❺。雖然不時的更換會造成政治不穩定，但是，這種不穩定是短期的，從一個社會的長期福利觀點來看，暫時的動搖是應該的，是合理的；就像一條船，一定要不時的擺動，最後才能達到它的目的地。若是政治精英不能時時的更換，讓他們長久的把持，一旦反動力暴漲，會把社會帶到不可收拾、無法挽救的地步。古今中外，這種悲劇的例子實在太多了。

關於政治精英更換的研究，社會學上並不多見。一般社會學只注意政治精英的來源及產生背景，他們不太注意政治精英更換的模式。也就是說，社會學者的研究著重於橫剖面，只注意當前現象的分析，把時間變化這個因素，擺在一邊不太理會。這是社會學研究法的一個致命傷。事實上，若是能考慮到政治精英的時間變動，我們不難導出許多有趣的研究假設。譬如說，當我們研究一個社會從農村擴張到大

---

❹ 見 Hans L. Zetterberg, "Pareto's Theory of the Elites: Introduction to Vileredn Pareto", *The Rise and Fall of the Elites*, New York: Bedminister Press, 1968.

❺ Joseph Schumpeter, *Imperalism and Social class*, August Kelly, Inc 1951.

都會，連帶的它的權力架構也會產生激烈的變化。我們可以大膽的提出一個假設：在農村狀態下的權力架構可能較穩定，可是擴張到一個大都會時，多元性的利益團體產生了，彼此互相競爭，不可能服從單一系統的領導；在這種狀態下，自然而然的政治精英的更換就較頻繁了。很可惜，像這麼簡單的一個假設的驗證，在社會學的研究上並不多見❻。

二、臺灣的政治精英

在社會科學的研究領域裏，社會之間的比較分析是很重要，但也是很薄弱的一環。任何一個定律或概論，總是需要在不同的社會中去檢驗。可是社會科學的研究限於人力財力，總是沒有辦法以這麼大手筆的方式去探討。在自然科學裏，只要一個研究生就可以在一間小實驗室裏，檢驗別人過去提出的概論。可是社會科學的研究就沒有這麼方便。比較社會學的研究，也就只好等待未來。或者，在許多社會裏，大家都能享有基本的生活水準，完成了「人與天爭」這個階段，開始注重「人與人」之間的問題時，社會學的比較分析可能可以更上一層樓了。

現階段臺灣社會的發展，其實是比較社會學研究的一個很好的實驗室。半個世紀以來，臺灣社會產生了空前的變化。從一個農村型態的組織，演變到一個大都會型態的結構。在這個激烈的發展變化當中，過去的傳統陳跡一點一滴的浸蝕消失。若是社會學者不趕緊捉住

❻ 強調這種見解的，例如 Terry N. Clark, "Who Governs, Where and When?" *Sociological Quarterly* 8, Summer, 1967, pp. 291~316.

這個機會去分析去記錄，將來即悔之晚矣。傳統社會眞正的權力結構如何，將來的人或許沒法子瞭解。同時，臺灣社會結構的研究，也可以做爲預測未來整個中國，以及整個落後國家發展的參考。古人所謂「他山之石，可以攻錯」。臺灣發展的經驗，有光有火、有血有淚，這些經驗，值得當做其他國家的借鏡。

研究臺灣的政治結構，一定要討論到臺灣的政治精英；在討論臺灣的政治精英之前，一定先要瞭解什麼是政治精英。依據一般社會學者的看法，所謂「政治精英」可以說是政治上有影響力及決定力的少數人。決定力的測定比較容易，影響力的測定就比較難。影響力的測定往往需要大衆聲望的抉擇。決定力的測定，則只要抓住一羣政治的決策者當做研究的對象即可。許多政治精英的研究，都是採取這個方法。

晚近三十年來，臺灣政治界較有聲望，較有影響力的少數人，可能是臺灣的省議員了。省議員的人數不少，並且來自臺灣社會的各個階層。在地方自治的政體下，省議會是臺灣政治最具代表性的。雖然省議員的職權有限，政治的決定力也只限於內政，但是他們的政治影響力（不管是好是壞），確實比其他的政治團體更有力量。

無可置疑的，省議員有其政治的代表性。雖然省議員的素質或許是參差不齊，但是他們每個人不論是財富、背景、政治基礎、或者說服力，都是臺灣社會的一時之選。他們每個人都是身經百戰，從艱難的選舉過程中，用各種的政治手法往上攀爬，終於達到代表臺灣羣衆的地位。因此，他們的聲望普受臺灣社會的認知。不過從政治決定力這個角度看，省議員並不能影響到整個臺灣高層政策的決定，（有些省議員甚至自比爲「狗吠火車」；）他們介於執政當局與人民之間，充當著溝通與協調的橋樑，扮演著政治掮客的角色。對於整個臺灣社會的取向；他們只有消極性的牽扯，沒有積極性的推動。像這樣一羣政治人物，在許多開發中國家，倒是相當的普遍。譬如南洋社會的中國財團，或者南美國家的民選首要，都可歸之一類，我們或可稱之爲「邊際精英」(Marginal Elite)，此與米勒 (C Wright Mill) 所謂的「權力精英」(Power Elite)正好相背❼。

本文所研究的政治精英，只限於臺灣的省議員。而且爲了研究的方便，我們只分析臺灣實施地方自治以後七屆的省議員，從 1951 年開始大約有二十多年的時間。前三屆，是所謂的臨時會議，國民政府有權消除解散；以後才是正式的省議會。從變成正式省議會之後，每屆任期也延長了，從三年延長爲四年，開會期間也從兩個月增加到四個月❽。

本文研究的重點，是臺灣政治精英更換的分析。主要探討的題目有三：首先，我們想知道，在臺灣這麼一個急劇變遷的社會中，政治精英如何脫穎而出？尤其是一個社會型態與結構，如何影響政治精英的選拔？又臺灣政治精英的權力穩定性如何？第二個題目是：當政治精英被選拔之後，他們可以維護多久的權力結構？是否大都會的社會結構會減低政治精英權力的穩定性？最後，我們想探討，經濟發展如何決定臺灣的政治結構？當一個社會愈發展的過程中，商人的政治地位是否愈重要？

---

❼ 關於「權力精英」這個概念的討論，見 Daniel Bell, "The Power Elite Reconsidered", *American Journal of Sociology 64*, November, 1958, pp. 238～250 以及 Rupert Wilkinson (ed) *Governing Elites*, New York: Oxford University Press, 1969.

❽ 本文的原始統計資料，也就是每位省議員的出身職業，取自：侯暢之《臺灣省地方自治誌要》，臺灣省政府，1968，以及劉添福之《臺灣省地方自治名鑑》，1971.

三、政治精英的選拔

從社會學的觀點看，瞭解政治精英的社會背景、地區分佈、以及他的出身與職業，可以幫助我們探討政治精英的心理型態、價值觀念；甚至我們可以預測未來政治精英的更換過程。譬如說，從較落後的社會角落出身的政治精英，他們的傳統觀念可能比較深厚，他們的地方性色彩也可能比較濃厚。因此，若是一個社會的政治精英絕大多數帶有這種價值規範，那麼這個社會的發展，很可能受到阻礙。

我們從表一，可以很明顯的看出，臺灣社會中政治精英的選拔與西方社會有很大的差異。表一很清楚的說明，臺灣政治精英的職業背景中，律師及法政人員占了很少的比例，可是在西方社會就不然了，絕大多數的政治精英都是從法界出身。可見法界人士在臺灣社會的影響圈內，所佔的比重不大。很可能是他們的人數並不多，也可能是他們在傳統上沒什麼政治力量；不然，法律和政治簡直就是孿生子，往往是互爲一體的。另外一個有趣的例子，就是臺灣社會中醫生的社會地位。在國外，雖然醫生的財源也蠻雄厚，但是醫生和政治很少結爲一體，然而在臺灣就不同了。表一所示，臺灣的政治精英，居然在10個人中就有1個是醫生，所佔的比重相當大。這也可能是日本殖民統治下的政治遺跡：律師沒有多大的影響力，醫生卻有。

另外還有一種職業在臺灣很容易踏上政界，那就是農會的推廣人員。農會是臺灣社會中很特別的一個組織，從日本佔領時期開始，農會與行政形成兩套殖民統治系統，兩者往往是並行的。農會的領導精英是本地人，行政的統治階級是日本人，兩者互相配合。因此，農會的功能無形中增大了。農業技術的推廣只是一小部分功能，最主要的功能是控制農村的金融財源。地方農會裏的首要人物，很可能是地主財閥；他們和一般農民的接觸面也很廣，因此很自然的成為政治精英。臺灣的政治精英當中，有11%是來自農會❾。

表一：臺灣省議員之職業與社區背景

職　　業	代表之社區		總　　合 (N=205)
	鄉　村 (N=161)	都　市 (N=44)	
商　　人	33.5	36.4	34.1
公　務　員	21.7	22.7	22.0
教　　員	14.3	13.6	14.1
農　　會	11.8	6.8	10.8
醫　　生	9.3	11.4	9.8
律　　師	3.1	2.3	2.9
其　　他	6.2	6.8	6.3
總　　合	100.0	100.0	100.0

資料來源：見❽

公務員和教員是政治精英很自然的人選。在臺灣社會當中，他們的教育和知識水準比一般人高。中國古代的傳統，所謂「學而優則仕」，正是指這些人而言。讀書就是想當官，當官之後就是想當大官。因此，一般的知識分子（intelligentsia），總是在「學術」與「政治」之間徘徊，總是希望有一天可以「魚躍龍門」似的擠進政治

❾ 臺灣農會的組織與功能，見 Min-hsieh Kowh, *Farmers' Association and Their Contributions: Toward Agricultural and Rural Development in Taiwan*, Bangkok: U.N. Food and Agricultural Organization, 1963.

精英圈內。在臺灣的政治精英當中，有36%是來自這種職業背景。

臺灣的政治精英另外一個主要的職業背景就是商人，有34%的政治精英來自商界。古往今來，官商勾結是很自然的現象。就是擺地攤的小商人也要和警察打交道、送紅包，何況是跨國公司的大財閥。因爲政治是所謂「管理衆人的事」，爲政當局只要紅筆一劃，就可以把荒田變高樓，把經營不良的公司當成必須保護的「民族工業」。因此成功的商人，必須想盡辦法擠入政界，以便維護他們旣得利益。否則以石崇之富，還免不了家破人亡。在傳統的官僚政治中，商人或許比較沒有伸縮的餘地；但是在民主政治當中，選舉需要錢，商人的影響力就大不可言了。

從以上的分析，我們可以看出臺灣的政治結構，仍然是在「半傳統」之中。日本殖民統治的遺跡仍然存在，醫生和農會在政治上依舊扮演著很重要的角色。這種特色，在中國其他地區是很少有的。可是另外一面，臺灣的政治精英仍然因襲傳統中國社會的型態，智識分子佔著很高的比重。這可能跟國民黨的提名制度有關。因爲黨的控制多多少少還操縱在智識分子之中；對於智識分子的權益，仍然有某種程度的尊重與維護。否則，完全的抄襲西方民主制度的選舉方式，智識分子只好喝西北風，沒法子擠進政治精英的權力圈內。

當臺灣社會由農村型態轉變爲都會型態，無形中權力架構也會隨著轉變；政治精英的選拔也會受到影響。很可能都會型態裏的政治精英，大多數來自商界，就像歐美的社會制度一樣。這個現象，在表一中已經顯露出蛛絲馬跡，我們看表一所示，臺灣都會社會裏，商人在政治精英中，所佔的比重確實較大(36%)，而在鄉村社會裏的比重較小(33%)。

不過我們不可以過分強調，都會社會與鄉村社會權力架構的差異。因爲依據統計推論的探討，用 Lhi-Square 的檢驗結果，我們只得到 0.24 的值。那就是說，在現階段臺灣社會的政治精英選拔過程中，鄉村與都會社會之間的差異並不大。這個結論，似乎與一般社會學的研究結果相符合。前人的研究總發現：不論社會結構如何的不同，一般人對傑出職業的尊重仍然非常相似[10]，譬如說，醫生在歐美社會中受尊重，在臺灣都會也受尊重。由此我們不難想像到，臺灣的鄉村和都會社會之間，政治精英的職業背景，不應有多大的差異。

四、政治精英的權力穩定度

過去許多社會學的研究，一直強調政治精英權力的穩定度，是受到外在政治趨勢變動的影響[11]。所謂「時勢造英雄」，就是這個道理。事實上，英雄很難造時勢的。因爲大勢所趨，無論多有才能的人，只可能螳臂當車，起不了什麼作用。就是「力拔山兮氣蓋世」的楚霸王，到後來只是無可奈何，自嘆「時不我予」。

強調外在環境的重要，可以說是社會學裏最基本的假設。政治社會學者，常用社會的型態來解釋政治精英的權力穩定度。因爲政治精英權力的穩定度，與他們的政治意識及價值信仰很有關係。所謂「識時務者爲俊傑」。有遠見、看得出社會長程演變方向的人，他們的權力穩定度也愈高。然而，這些人的政治意識與價值信仰又是如何產生

---

[10] 此一論點；是就社會學之功能論一直強調的，見 Donald Treiman, *Occupational Prestige in Comparative Perspective*, New York: Academic Press, 1977.

[11] 社會外力對政治精英的影響，見 Alvin Cohenect, "Externalities in the Displacement of Traditional Elities", *Economic Development and Cultural Change*, October, 1968, pp. 65~76.

的呢？無可置疑的，一個人的意識與價值觀念，是由他們的出身背景與社會型態所決定的。由此類推，可見外在的社會型態，可以影響到政治精英的權力穩定度。我們分析這些政治精英的出身背景與社會型態，大概可以看出他們的權力穩定度到何種程度。

我們不難想像，從都會型態的社會所產生出來的政治精英，必然會遭遇到激烈的政治競爭。因爲在都會社會裏，有衆多的利益團體存在；各自爲政，互相傾軋。而且在都會的環境裏，傳統的社會控制力也比較少，人情拜託沒有多大的約束力量。有些人或許可以僥倖的登上政治精英的龍門，但是他們不能久居其位。所謂「沒有三日好光景」，說不一定一屆之後就被拉下臺。因此我們敢大膽的假設：從都會社會出身的政治精英，比起來自鄉村社會的政治精英，其政治的壽命可能更短。

表二所顯示的結果，確實證實了我們的假設。社會型態的確與政治精英的權力穩定度有密切的關係。一般說來，政治精英權力的獲取比較難，維護比較容易：一旦登堂入室，知名度已經打出來，政治基礎也有了，經濟上更可以利上加利，資本愈加雄厚。然而，我們從統計資料中發現，能夠久居其位的省議員並不多見。從第一屆到第六屆，可以一直穩坐寶座的，一百名議員中只有兩位而已。一般省議員的政治壽命很短，任期很難有兩屆以上，平均只有1.8屆。

社會型態確實影響到省議員的權力穩定度。從鄉村選出來的省議員，可以安穩的維持四屆的寶座者，有15%；可是從都會選出來的省議員，只有4％而已。從另外一個角度看，鄉村出身的省議員，其平均政治壽命是兩屆，都會出身的省議員則只有一屆半。這兩者的不同，絕不是隨機誤差。我們用統計學裏的 T-Test，可以獲得2.08的值；也就是說，都會出身的省議員的政治壽命，確確實實的比鄉村出

表二：臺灣省議員之屆數及代表社區

屆　數	代表之社區 鄉　村 (N=168)	都　市 (N=50)	總　合 (N=218)
一　屆	56.0	68.0	58.7
二　屆	20.8	20.0	20.6
三　屆	8.3	8.0	8.3
四　屆	8.3	2.0	6.9
五　屆	3.6	2.0	3.2
六　屆	3.0	0.0	2.3
總　共	100.0	100.0	100.0
平均屆數	1.92	1.50	1.82

身的來得短。

同樣的，出身的職業背景也與政治精英的權力穩定度有關。無可諱言的，職業本身就是一種政治資本。若是選舉所要花費的人力財力，大大的超過名利收益的話，有誰願意去東奔西跑？只有資本雄厚的人，才可以一任又一任的保持人力財力的開銷。從表三我們可以看出，臺灣的省議員裏，商人出身的最有辦法維護他們的權力地位。商人出身的省議員，平均政治壽命是兩屆，比一般省議員高多了。相反的，一般不是從商場出身的省議員的政治壽命，其間就沒有多大的差別。譬如說從公敎人員出身的，與從醫生、律師出身的，同樣的都只有1.7屆。

總之，政治精英的權力穩定度，不僅與他們出身的社會型態有關，也與他們的職業背景有關。由此我們可以推出這麼一個解釋權力

表三：臺灣省議員屆數及職業背景

屆　數	商　人 (N=70)	公　教 (N=74)	農　會 (N=22)	醫　法 (N=26)	其　他 (N=13)	總　共 (N=205)
一　屆	52.9	62.2	68.2	57.7	38.4	57.6
二　屆	24.3	16.2	18.2	19.2	30.8	20.5
三　屆	8.6	9.5	0.0	19.2	0.0	8.8
四　屆	5.7	9.5	0.0	0.0	30.8	7.3
五　屆	4.3	1.3	9.1	3.9	0.0	3.4
六　屆	4.3	1.3	4.5	0.0	0.0	2.4
總　合	100.0	100.0	100.0	100.0	100.0	100.0
平均屆數	1.97	1.75	1.77	1.73	2.03	1.86

穩定度的模型來:

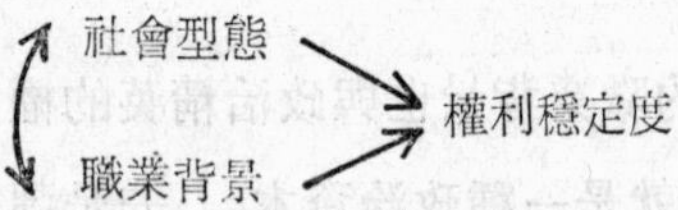

表四就是把這麼一個模型用統計方式表示出來。我們看兩個自變數（社會型態與職業背景）之間確有互動關係存在。我們可以預測到，來自鄉村社會的商人，若是當上了省議員，他們的連任率會是最高的。相反的，來自都會社會的非商人省議員，政治壽命平均都很短。這麼一個社會事實，或許可以供政黨提名的決策者做參考。

我們進一步就要問：兩個自變數間何者爲大？何者爲小？決定權力穩定度是社會型態重要呢？還是職業背景重要？這個問題可以用雙層變異分析（Two-Way Analysis of Variance）來探討。我們從表四當中，可以找出 F-ratis，然後比較兩個自變數，就可以解決了。用這個方法，我們得到的結論是：決定省議員權力穩定度的兩個因素之中，社會型態似乎比職業背景更重要。也就是說，政治精英出身的社會環境，比他們本身的個體特徵，更能影響權力的持久度。無可置疑的，來自都會型態的政治精英，時時會受到權力更換的威脅。

表四：臺灣省議員之平均屆數按職業及社區背景

職業	鄉村	代表社區都市	總合
商人	2.07	1.63	1.97
非商人	1.84	1.44	1.75
總合	1.92	1.50	1.82

五、社會發展與政治精英的商業化

不論社會結構對於政治精英的權力穩定度影響有多大，這種影響力當然不是一成不變的。任何一個社會結構總是在變動；政治精英的權力穩定度當然也就隨之而變。紅透半邊天的風雲人物，曾幾何時隨著社會型態的改變，也就「時不我予」，轉而爲「門可羅雀」，滿腹牢騷的失意政客。這種人物在臺灣光復後的數十年政治舞臺上，我們實在看得太多。在臺灣急劇的現代化過程當中，以前的地主士紳階級，不再是獨一無二的權力壟斷者；隨著第三層產業的興起，商人逐漸抬頭。眼光看得遠的地主士紳，或者可以及早變賣家當，搖身一變爲資本家，繼續控制社會的財物資源。然而絕大多數的地主士紳，變得太慢了，在傳統觀念的世襲籠罩下，或者可以苟延殘喘；但是終究被時代轉動的巨輪淘汰了。

在政治社會學的研究當中，我們可以找到許多解釋政治精英更換的理論。有的人認為：隨著現代化的演進，中產階級逐漸變成了政治精英產生的溫床，來自這種背景的政治精英，也就會帶著較自由派的色彩⓬。當然，這種理論的缺陷，就是沒法子精確的劃定什麼是「中產階級」。另外，有的理論肯定：當傳統社會逐漸消失之時，多元性的政治精英會脫穎而出；整個權力架構不再受單一性的利益團體所擺佈⓭。不過有的學者提出相反的理論。他們認為多元性權力架構只是一層外衣，事實上政治精英仍然是受到一個龐大的利益團體的操縱；那個利益團體，就是代表著商人階級的利益⓮。蘇爾次 (Robert Schulze) 說得好：

「隨著外在環境功能關係的轉變，一個社會的權力架構的性質與方式也會改變；同時，商人壟斷政治的角色也會變更。」⓯

這些話正可以用來恰當的形容臺灣政治精英的更換。無疑的，臺灣的現代化與外在環境的影響，脫離不了關係；臺灣已是國際政治經濟舞臺的重要一員。隨著現代化的發展，臺灣的權力架構也改變了。最明顯的一個指標，就是經濟的發展促使商人的政治地位步步高升。我們看圖一，它表示出在臺灣光復二十年以來，商人在政治精英中所

⓬ 見 Duncan MacRae, "The Rate of State Legislator in Massachusetts", *American Sociological Review 19*, November, 1968, pp. 185～194.

⓭ 此論散見：Robert A. Dahl, *Who Governs*, New Haven: Yale University Press, 1961 及 Robert E. Scott, *Political Elites and Political Modernization: in Latin America,* New York: Oxford University Press 1967, pp. 117～145.

⓮ 詳見 Floyd Hunter, *Community Power Structure*, Chapel Hill: University of North Carolina Press, 1950.

⓯ Robert O. Schulze, "The Role of Economic Dominants in Community Power Structure", *American Sociological Review* 23, February, 1958, pp. 3～9.

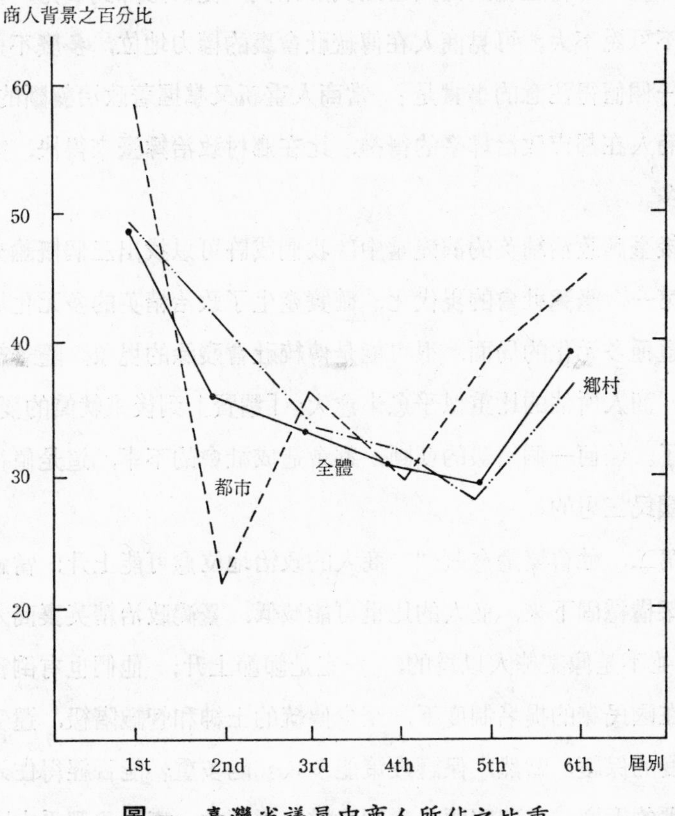

圖一：臺灣省議員中商人所佔之比重

佔的比例。第一屆臨時議員中，商人大約占了半數 (50%)，可是隨著政權的逐漸穩固，商人逐漸的失勢，較傳統性的政治精英抬頭了。不過等到第五屆省議會時(1964～1968)，很奇怪的，商人的比例又是節節上升。

商人在鄉村和都會社會的政治精英中，所佔的比例稍有不同。來自鄉村社會的省議員，雖然只佔總數的⅖，但是商人在政治精英中比重的變動，與全體省議員的趨勢差不多。最令人注目的是，從第一屆到第二屆，鄉村社會的商人省議員的比例，從60%降到20%，變動之劇，不可說不大。可見商人在傳統社會裏的權力地位，多麼不穩固。另外一個值得注意的事實是：當商人重新又掌握著政治壟斷的局面時，商人在都市政治舞臺的得勢，比在鄉村政治舞臺來得快，來得容易得多。

後臺灣政治精英的演變當中，我們或許可以找出三個概論來：

第一，臺灣社會的現代化，確實產生了政治精英的多元化局面；但是這種多元化的局面，很可能是傳統社會殘餘的現象。隨著經濟的發展，商人所佔的比重似乎愈來愈大；「選賢」到後來就眞的變成「選錢」了。任何一個階級的壟斷，都會造成社會的不幸，這是值得我們全體國民三思的。

第二，社會變遷愈劇烈，商人的政治地位愈可能上升；當社會的權力架構穩固下來，商人的比重可能減低，臺灣政治精英裏商人的比重，並不是像某些人以爲的，一定是節節上升；他們也有倒霉的時候。在國民黨的提名制度下，至少傳統的士紳和智識階級，還受到某種程度的保護。當然，保護政策能多久？能多重？能否經得住外在社會變遷的衝激？這些問題是我們沒辦法預測的。不過我們看中國的歷史，看到戰國時代商人的囂張，可說是不可一世；可是到了漢朝大一統的時候，商人階級也就沒落了。

第三，一個社會的政治精英的更換，確實與國際社會功能關係的演變有關。在二十世紀的現代，一個社會不可能像以前中國古帝國時代那麼故步自封。臺灣近三十年來最大的成就，就是它能擺脫孤立的固定市場，打進國際政治經濟界。我們看臺灣的對外貿易，在光復後的 15 年中（一直到 1960 年），一直是很悽慘，一片赤字。譬如說，1952 年竟然入超 8,100 萬美元。1960 年仍然是入超 8,300 萬美元。

可是到了 1964 年，居然有一百八十度的轉變，從負數變成了正數，淨賺了 5,300 萬美元。以後更是情勢大好，最近幾年說是每年淨賺至少10億美元以上⑯。1960年代的中葉，是臺灣經濟的轉捩點，也是臺灣政治權力架構開始有了急劇改變的時候；從那個時候開始，商人在政治精英所佔的比重，開始步步高升。

---

⑯ 此項統計資料，取自行政院出版之《中華民國年鑑》。

第八章　企業精神與社會發展

一、前　言

在經濟發展與社會變遷的過程中，企業家扮演著一個很重要的角色。平常所謂經濟的重要因素，除了土地、勞力、資本之外，其次就算是企業管理的技術了。在一個死氣沉沉毫無發展的靜態經濟中，企業家並沒有什麼發揮潛能的機會；可是當經濟活動開始起飛暴漲的時候，企業者的貢獻，他們的敢做敢為，以及他們的勤勞經營，就變成了社會發展中光輝的一面。我們可以武斷的說，一個社會的蛻變，由傳統進入現代，與企業者的經營方式是相輔相依的。因此當我們研究臺灣的社會發展，就免不了會討論到企業家的背景、來源、角色、功能等等的問題。

討論經濟發展，我們會想起熊必德 (Joseph Schumpeter) 的貢獻；在熊必德的重要經濟理論當中，最出名的莫過於他對企業家角色的研究❶。他認為促進西方的經濟發展最值得注意的一股力量，就是企業精神，也就是企業家的風格 (entrepreneurship)。企業家的風格可以用很具體的一句話表示，那就是「對於任何經濟現象採取創

---

❶ Joseph Schumpeter, *The Theory of Economic Development*, Cambridge, MA: Harvard University Press, 1934.

造性的反應」(Creative Response)。假如沒有企業家的風格的話，那麼，工程技藝的進步也就免談了。熊必德把企業家的功能描繪如下：

> 「……企業家的功能在改造生產的模式。採用前人所未用的技術方式，以謀求新產品的創造，或舊產品的改造；終於達到新資源的開發，以及整個產業結構的重組。」❷

很可惜，西方的經濟型態經過了大起飛之後，已經逐漸的停滯，「創造性的反應」很可能已經變成了歷史的名詞了。社會不再容易接受像企業家這一小羣人的孤僻獨行。爲了整個社會的穩定與均衡，西方社會必須堅持官僚化的模式，排斥少數企業家標新創異的風格❸。相反的，在第三世界裏，百廢待興，正是應該迎頭趕上的時候，爲了醫治百年的陳疾，有時不得不採用非常的速藥。容許少數人的標新創異，暫時的損壞全體的均衡，這也是無可奈何之事；否則，一味的強調「處驚不變」，社會不可能在短暫之間有奇跡式的發展。有些經濟學者認爲，落後國家的通病，就是不敢大膽的嘗試求變的社會政策，一切以穩定爲先，以致造成了「創造性的反應」的缺乏。雷福 (Nathan Leff) 說得好：

> 「企業精神的缺乏，是經濟發展最大的絆腳石。企業家的風格是促進經濟型態轉變最重要的因素，它可以化腐朽為神奇，動員種種經濟的供給面，推動整個社會，踏入開發的境界。」❹

---

❷ Joseph Schumpeter, *Capitalism, Socialism and Democracy* (3rd ed.) New York: Harper and Row, 1950, p. 132.

❸ William H. Whyte, Jr., *The Organization Man,* Garden City, NJ: Simon and Schuster, 1956.

❹ Nathaniel H. Leff, "Entrepreneurship and Economic Development: The Probelm Revisited", *Journal of Economic Literature* 17, 1979, pp. 40~64.

假如雷福的理論是眞的話，我們不難想像到，在過去臺灣二十年來的急速經濟變動當中，企業家的風格一定已經有極顯著的發展。臺灣所創建的經濟奇跡，是世界各地有口皆碑的事實，在短短的二十年之內，平均國民所得可以增加了十倍，這是很可以令人驚異的客觀事實。現在臺灣的經濟活力，已經超越了某些西方國家（如葡萄牙）。在這麼大變動當中，企業家的慘淡經營，求新創異，有其値得讚揚的貢獻。因之，我們很想進一步探討這些臺灣企業者的社會背景，從這方面的硏究當中，吸取一些寶貴的經驗。

本文的硏究，兼顧到理論與實地經驗的雙重標準。首先，我們想介紹過去硏究企業家風格的重要理論，從這些理論的陳述，我們想進一步的提出一些整合的看法與觀點。其次，我們想探討硏究臺灣企業家風格的方法與概念；經過實地資料的分析，我們想追求的答案是：臺灣企業家來自何種社會條件？敎育與企業家的因緣如何？以及，什麼是決定企業家成功的因素？

二、硏究企業精神的兩大理論

假如熊必德可以稱之爲硏究企業精神之父的話，那麼，麥克蘭（David McClelland）或者可以稱之爲硏究企業精神之母。熊必德的主要硏究興趣，並不在企業行爲的探討；他把企業精神當做造成社會變遷的自變數，用企業精神來解釋經濟的發展。相反的，麥克蘭眞正的把企業精神當成社會行爲來硏究；也就是說，把企業精神看成是經濟發展中的內涵因素（Endogeneous Variable），試圖建立一個解釋企業精神的理論體系[5]。

[5] David McClellad, *The Achieving Society*. Princeton, NJ: D. Van Nostrand, 1961.

經過麥克蘭的努力證驗，我們開始瞭解到企業精神的來龍去脈。他認爲，某些人的性格內涵，總免不了有多多少少的成就需求（N-achievement）：成就需求高的人，他們很容易被吸引到商場的鑽營奮鬥。所謂「商場如戰場」，充滿了各色各樣的刺激與斬獲。努力總是可以馬上看到代價的，成敗的唯一標準就是鈔票收入的多少；不像有些行業可以不死不活，得過且過，好壞沒有什麼明確的準繩。當然，企業行爲最大的特徵就是極高的不穩定度。企業家的風格必須是敢做敢爲，險中取勝；重成就，講效率。麥克蘭認爲這些性格的培養往往是得自家庭父母的影響。成功的父母應該具備有三種條件：第一，他們首先要有毫不含糊的價值標準，這些標準總是很明確而且容易達成的。第二，他們應該不要干涉到子女的成就需求，一切讓他們自己去尋求。第三，必要時，在感情上父母子女之間共享成就的好處，讓他們培養進取的態度。

麥克蘭的理論影響了許多關於企業精神的研究。舉例來說，史多悌（Stogdell）的研究就是試圖把麥氏的理論加以擴演，以證明企業家的成就傾向往往是代表著個人主義的商業發展，是對於企業組織過分膨大及過分嚴緊的反叛❻。文生偉雷（Vincent-Wiley）也從比較文化的觀點來說明企業精神的主要價值取向，往往是跟傳統社會的意識型態不相吻合；企業家總是帶有極強烈的，積極性的個人主義的色彩，他們的性格並不是容易被大衆社會所忍受的❼。

海根（Everett Hagen）是另一位對於企業精神的研究極有建

---

❻ Ralph M. Stogdill, *Individual Bavehior and Group Achievement,* New York: Oxford University Press, 1969.

❼ Leticia Vincent-Wiley, "Achievement Values of Filippino Entrepreneurs and Politicians", *Economic Development and Cultural Change* 27, 1979, pp. 467~483.

樹的學者。他的理論的主要根據是用「地位退縮」這個觀念來說明企業家的風格。照海根看來，企業家最重要的性格特徵有二。一是剛愎，一是創新。在一般正常的情形下，傳統家庭的教育方式往往塑造剛愎性格，但不容易塑造創新性格；然而，一旦有特殊的外在影響（譬如說家裏的父親慘遭惡運），這時，爲了需要，創新的性格必須擴展，這樣家庭中成長的人，往往會具備這兩種性格。長大之後，這種人很可能發展企業家的風格。

海根的「地位退縮」論對以後的研究也產生了極重大的影響。史灣與塔克（Swayne and Tucker）兩氏曾經把海根的影響加以檢驗及發揮，他們的結論是：

> 「當孩童開始長大成人的時候，周圍的社會環境往往是他往上攀爬的阻力。也就因為這些社會的阻力，才會造成企業家的風格。這種風格的主要特徵是：有創造性的解決問題能力，有極高度的成就需求，以及有條有理的獨斷本領。」❽

這些學者認爲，若是家庭存在著過分強烈的父親崇拜的話，企業家的風格很可能被埋沒了。依據實證研究的結果，美國的企業家當中，有一大半是孤兒或者父親早死的❾。文生偉雷在他的菲律賓企業家的研究當中，也發現大約 ¼ 的企業家在孩童時代已經沒有父親了❿。可見在橫虐悲慘的環境裏，反而會塑造一個人的獨創能力。中國

---

❽ Evrett E. Hagen, *On the Theory of Social Change,* Homewood, IL: Dorsey Press, 1964; and Charles B. Swayne and William R. Tucker, *The Effective Entrepreneur*. Morriston, NJ: General Learning Press, 1973.

❾ Orvis F. Collins, David G. Moore and D. B. Unwalla, *The Enterprising Man,* East Lansing, MI: Michigan State University Bureau of Business and Economic Research, 1964.

❿ Vincent-Wiley, p. 482.

古人所謂「置之死地而後生」，確實有它的道理的。

麥克蘭及海根兩氏的理論有一個共同點，兩者都是從行爲分析的觀點來研究企業精神，他們的研究結果一致認爲企業家風格的產生背景往往是個人的社會地位遭遇到退縮或打擊，以致企業者所表現的作法往往是代表著社會邊際人的性格。在麥克蘭及海根的著作中，他們常提到社會邊際性 (Social Marginality) 這個概念。他們所根據的理論基礎，帶著很濃厚的心理學派的偏見。

我們從這些理論當中，不難找出一個很顯明的空隙來。熊必德所強調的是企業精神如何的影響資本主義的成長。他不把企業家的風格當做一個研究的對象；這是經濟學派的短缺。麥克蘭及海根所代表的心理學派，正好可以彌補這個短缺。可是，心理學派也有它的局限；它過份的強調企業家的人格面，忽略了人格的塑造其實不可能脫離了社會結構面。人格因素固然是決定事業成功的重要動力，但是並不一定是最重要的因素。

很明顯的，我們知道一個具有「地位退縮」特徵的人，並不一定就變成企業家，他可能受不了外在環境的折磨，未到成年已經是神經錯亂變成廢人了。若是他們當中有些僥倖的成功了，說不定那只是變態，不是常態。同樣的，具有高度成就意識的人也不一定就是企業家風格決定因素。成就意識往往是隨著當代社會價值理念而變。譬如說，在傳統的中國社會所強調的是士大夫的意識型態，那時的人，不能說沒有高度的成就意識；那個人不想做官發財？於是，高度的成就意識，是朝著讀書做官這條路發展，根本談不上現代化的企業精神。

由此可見，企業精神不可以當做偏狹的人格特徵來看。一個社會的結構，以及它的經濟機會，與企業家風格的產生是息息相關的。任何企業精神的研究，絕對脫離不了它所存在的經濟制度⑪。由此，我們不妨提出一種說法，暫稱之為「結構決定論」。也就是說，探討企業精神的源由，必須追溯整個社會的結構。只有在某種急進轉變的社會型態中，企業家的風格才會顯現出來。從這個觀點來看，企業家不應該是社會的邊際人或偏差人士，相反的，他們是社會意識型態的維護者，他們想盡辦法追尋與猜測社會變動的方向，希望撈到經濟結構的轉變可能帶來的社會利潤。葛來德（William Glade）說得好：

> 「社會邊際人並不一定可以把他們的偏差理念轉變成企業精神。其實兩者之間並不是完全的正相關。我們看吉普賽人，或者美國的亞米西人（Amish）等等例子，就可以知道文化的邊際性並不一定會導致企業精神的產生。企業精神的研究主題，不應在社會邊際性的胡同裏打轉，應該跳躍出來，應該注重於分析與測定這些具有社會邊際性的人，經由何種的社會條件與歷程，使他們轉變成社會規範的遵奉者（conformists），實現他們的企業家的角色。」⑫

三、研究主題

根據過去許多關於企業精神的理論與解釋，我們不難領會到，企業者應該當做一羣社會的遵奉者來看，不應該當做社會的邊際者來

⑪ Arthur H. Cole, "Meso-Economics: A Contribution from Entrepreneurial History", *Explorations in Entrepreneurial History*, 2nd Series, 6, 1968, pp. 3～33.

⑫ William P. Glade, "Approaches to a Theory of Entrepreneurial Formation", *Explorations in Entrepreneurial History*, 2nd Series, 4, 1967, pp. 240-249.

看。企業者所追求的，往往也是一般社會大衆所追求的。很奇怪的，在過去一般關於企業者的本質的研究當中，我們常發現企業者的研究與社會精英的研究往往當做風馬牛不相干的題目。其實，這兩者是融合一貫的。企業者只是商業精英的一種，他們往往是商業精英當中最具有冒險性及創造性的一羣。也就是因爲企業者是商業界的領頭人物，所以他們的身分價值觀念，以及社會意識，往往代表著社會的主流；也就是因爲如此，企業者應該當成社會價值觀念的遵奉者，不是叛逆者。

許多人以爲中國的傳統社會裏沒有企業精神的存在，這是一種誤解。不錯，在中國古代是以「士農工商」當成最基本的社會階層；商人被看成是末流。但是，這並不是說企業精神就不存在了。「十年寒窗」所代表的苦幹精神，其實就是企業精神，只不過是社會沒有多大的變動，經濟太穩定了，所以中國人的企業精神就往著書本裏面去鑽，創新詞，堆新句，以求得一官半職，光宗耀祖；誰說這不是企業精神？

在中國傳統的社會規範當中，有兩種的社會條件是精英人士不得不具備的：一是年資，一是教育。中國人講遵「老」讓「賢」。「老」與「賢」是代表著中國社會當中最值得羨慕的兩種資格。其實，這兩種資格在今日的亞洲其他國家中也是一般人所羨慕的。「嘴上無毛，說話不牢」，是說一個人的成就必須先到達某種年資之後。「半部《論語》治天下」，是說有學問的人，就可以治國平天下了。就是二十世紀的日本，雖然已經算是現代化了的社會，一提到「元老」，他們還是會肅然起敬的。可見孔孟思想，確實是根深蒂固的。

我們的理論觀點，就是認爲企業者本身就是社會價值觀念的遵奉者，因之，企業者本身的特徵與風格，跟一個社會的精英或代表人物是沒有兩樣的。基於這個觀點，我們認爲：今日臺灣的企業者的特徵與風格，應該是與傳統的中國社會的精英的特徵與風格相當的近似。假如這個理論觀點是正確的話，那麼我們從實驗的統計資料當中應該會發現：臺灣的企業家當中，年齡輕的或者教育程度不高的，並不多見。

從表面上看，我們的理論觀點好像並不準確。君不見，臺灣的商場到處是有活力有本事的年輕董事長，總經理，一撈就是幾千萬。他們坐的是賓士轎車，在歡場上一擲千金；今天捧明星，明天環遊世界。好像整個臺灣社會都受這些後起之秀的無毛小子控制似的。另外，從推理的立場看，臺灣正是一個經濟起飛的社會。85%的公司行號都是小規模的經營。在這種經濟條件下，創業並不難，並不需要大資本、大財團的支持。一個鄉巴佬，只要空手到都市去混個幾年，只要他肯動腦筋，肯冒險進取，他就可以變成一個成功的企業家。可見，從實際的觀察，以及從學理的推斷，臺灣的企業者的特徵與風格應該是反傳統的，應該跟孔孟思想所代表的人物刻劃不一致的。

從另外一個角度看，本文研究的理論根基不僅只是探討傳統與現代社會精英的差異。本文的另外一個理論根基是強調商業的機會結構是企業精神發展的促進劑。依據筆者個人的看法：企業精神並不一定可以促進社會經濟的發展，相反的，經濟環境的轉變卻可以使企業者的角色產生很大的變化。當一個社會經濟突飛猛漲的時候，就好比一股下山的洪流，聲勢澎湃，人們只能在其中想盡方法突出超越。有的人確實能夠捉緊機會，就出頭了。可以出頭的人，也可能是本領，也可能是機運，也可能是背景。若是把這些成功的人通通稱之爲具有「企業精神」，那未免是太空洞太武斷了。很不客氣的說，所謂「企業精神」的研究，說不定只是空中樓閣而已。

簡言之，我們的研究是基於供需兩個假設：從供給的方面看，我們想瞭解現代的臺灣社會裏的商業精英具有多少的傳統風格。從需求的方面看，臺灣企業結構的轉變到底對企業者的角色產生多大的影響。

四、臺灣企業者的描繪

誰是臺灣的企業者？這是個見仁見智的問題。「企業者」並不是很容易測定的名詞；這個概念本身就很模糊。研究者有不同的定義。英文當中的「企業者」(entrepreneur) 是來自法文。法文中的 entrepredre 就是「執行」的意思，所謂「企業者」就是「執行者」。筆者認為「企業者」最好的定義應該是：能夠組織，管理及肯冒風險的人⓭。在大規模的企業經營當中，決策往往靠許多人的磋商，研究，參謀諮詢冒風險的程度很少，組織的決策不是靠一個人的。這種狀態下，很難看得出企業風格來；這樣的組織型態，就是社會學者所謂「僚制」(bureaucracy)，不能容納企業精神的存在。唯有在小規模的企業經營當中，個人的組織管理能力才能發揮，個人的冒險精神才能存在。因之，企業風格與小規模企業往往混然一體的。

我們要瞭解臺灣的企業風格，就得先知道誰是企業者。我們不想在高空建樓閣，我們想用實證的方法找材料。因之，我們必得遷就於臺灣現有的統計資料。研究臺灣企業者最好的統計資料不外是臺灣勞動力調查資料。臺灣的勞動力調查有個很特殊很理想的資料，那是許多歐美先進國家所沒有的。也就是在問及「就業地位」(Employment Status)，凡是在私人機關做事的，必須回答到底是「自雇」，「被雇」

⓭ William Copalsky and Herbert W. McNulty, *Entrepreneurship and the Corporation,* New York: Amacom, 1964.

或「雇主」。在歐美國家的勞動力資料並沒有「雇主」這個概念，因之他們的企業者的分析，總是局限在小規模的抽樣，沒有代表性，不像臺灣有這麼豐富的資料。不僅如此，臺灣的統計資料也搜集了雇主所雇用的人數。由此我們可以測量到企業經營的成就。小企業與大企業可以有相對的比較分析；由此，我們可以談到企業經營的成就度。

本文所用的統計資料是 1979 年五月間臺灣勞動力調查委員會所收集的。它是大規模的全體抽樣，總共訪問了大約 5 萬人，也就是總人口的 3 ‰。我們所分析的樣本只有 25,589 人，只包括勞動人口。從這當中，我們找到了 1052 的「雇主」。我們就稱他們爲「企業者」。也就是說，臺灣大約是 100 個勞動人口當中，就有 4 個是「企業者」。他們是我們研究的對象。

五、擠進臺灣企業界的個人條件

在西方社會裏，一般人所認爲的企業家的個人特徵是：孤斷獨行與創新立異。這兩種性格特徵往往是入世未深的青年人的專長。人到中年之後，往往是循規蹈矩，比較沒有什麼新花樣。在西化衝激下的臺灣社會，無疑的一股新生代的社會力正在開展。是否這股新力量代表著西方社會人的性格與特徵？這是很有意義的研究題目。許多看不慣臺灣社會蛻變的冬烘先生，常常抱怨臺灣青年人的過分洋化與商業化；臺灣年青一代的企業家也多多少少帶著很濃厚的洋氣，簡直像西方社會的拷貝。

孤斷獨行與創新立異確實不是中國傳統的社會精英的形象。中國是講究「合羣」，講究「一致」；幾千年的古老帝國能夠繼續存在，這是世界歷史少有的，一定有它的精神支柱。「合羣」及「一致」，這是任何僚制不可或缺的基本原則；或許它就是歷代王朝的精神支柱。雖然帝國時代已經灰飛煙滅了，但是，西化在中國也只不過是幾十年的歷史，比不得幾千年的文化。一般社會習氣，仍然籠罩著濃厚的僚制理念。因此，循規蹈矩，仍然是社會流動的基本依據。整個社會如此，商業社會也是如此。往上爬仍然脫離不了年資及經歷。雖然有些人可以靠家蔭，靠運氣，一炮竄紅，一筆致富；那恐怕只是少數，不是多數。

從表一，我們可以很明顯的看出：現代臺灣的商業社會，仍然是相當的傳統化，古人的規範及價值觀念並沒有完全的蕩然潰失。「嘴上無毛」的年青人並不容易當家做主，變成創業的領導人。年資在臺灣商界仍然是一個很重要的衡量標準。唯有年資高的，才容易擠進企業者的行列。40 歲以下的青年人，只有3％是企業者。40～45 歲的壯年人，機會升高到5％。55歲以上的老年人，機會更高了，高到6％以上。從這些數字，我們不難看出年資的重要。

表一：就業地位與年齡

就業地位	40以下	40-54	55＋	總　計
雇主	3.3	5.3	6.4	4.1
自雇	12.2	37.3	47.1	22.1
被雇（私）	64.0	33.9	25.0	52.4
被雇（公）	9.8	16.5	16.5	12.2
家庭	10.7	7.1	5.0	9.2
總計	100.0	100.0	100.0	100.0
N	16,473	6,721	2,395	25,589

這些統計數字所代表的意義，好像跟我們平常的觀察不一致。我們平常在報紙上，在親友間，總是看到許許多多的青年創業者。年青的董事長、總經理一大堆，他們一擲千金，出入有車，徹徹底底的企業者。這麼看來，好像我們的統計數字有錯了。其實不是。我們應該知道，臺灣是個非常年青的社會，到處充滿了年青人，充滿著朝氣。從表一我們也可以看出：臺灣的成年人當中，青年人(40歲以下的)佔了64%，壯年人26%，老年10%。可見青年人在臺灣是絕大的多數，因此之故，年青的企業者也充滿著商場的各角落。不過，他們是不是跟老年人享有一樣的上遷機會？答案是否定的。我們的統計結果很明顯的說明，年資輩分仍然是個很重大的升遷條件。在人口已老化的西歐，40歲可以當總理，30歲當大學校長，那是很平常的事；在人口年青化的臺灣，那是不可想像的。

除了年資之外，教育也是傳統的中國社會的升遷標準。這也就是我們平常所臭罵的「士大夫」觀念。所謂「萬般皆下品，唯有讀書高」，中國幾千年來「以試取士」的僚制系統，維護了古老帝國的存在。西化的衝擊，無疑的打碎了讀書人的傳統的優越地位。大陸上承繼著五四運動的反動思潮，變本加厲的整肅「臭老九」。臺灣也有一度掀起了崇拜「拒絕聯考的小子」的歪風，還好，到底「傳統」與「考試」仍然是陰魂未散，一般人雖然也臭罵士大夫，但是，仍然想盡辦法鼓勵孩子參加考試，出人頭地。

教育並不是西方社會的主流。演戲的可以當總統，動刀動槍的可以做執政，就是搞教育行政的教育部長，也不必是博士，更不必說是飽學之士了。大概現代化的國家裏，只有日本還是「抱殘守缺」，以教育爲社會的主流。根據 Copulsky 及 McNulty 的研究，西方社會裏的大學商學院的教育，尤其是研究所的教育，對於企業精神不但沒有用處，而且有反效果⑭。Van Voorhis 也發現：會成功的中小企業的創業者，並不一定有好的教育，相反的，他們往往是教育制度中的淘汰者。為什麼這樣呢？理由其實很簡單。教育往往是要學生守規矩，重服從；能夠順利的通過考試的人，只能替別人做事，不懂得標新立異，尋找出路。尤其是高等教育的體系裏，學生個個都是「超越成就者」(Over-achievers)，只懂得在別人設立的戲法裏演戲，演得逼眞，不懂得打破戲法，另起爐灶。成功的企業家，往往就是懂得打破戲法，另起爐灶的人。這種人也就是傳統社會所不能容忍的「腦有反骨」的人。一個擴張的社會，須要大量的「腦有反骨」的人物，到處找短路捷徑，替自己找財富，也替國家謀福利。十八世紀的西歐殖民社會，就是這種典型。結果在人類歷史上，創造了新的紀元。西歐變成世界文化的中心。相對的，抱殘守缺，不懂得變戲法的古老中國，反而成了犧牲品。也就是在這種弱肉強食的文化衝激下，古老的中國帝國瓦解了，民國革命的反傳統勢力抬頭了。

教育程度在今日的臺灣商界扮演著什麼樣的角色呢？是西歐模式呢？還是古老中國模式呢？我們從表二可以明顯看出，教育與企業家的地位，在臺灣仍然是正相關，不是負相關。也就是說，臺灣的商業社會仍然保持著很濃厚的中國傳統的士大夫的味道。沒有受過教育的人，很難得擠進企業界。教育程度愈高，愈容易變成企業者。雖然我們偶而也聽到有些人白手起家，沒有什麼教育，開始是擺地攤，到後來竟可以成為大企業家，這種例子並不是沒有，可是，據我們的資料看來，這種例子很少，幾乎不太可能。

沒有受過正規教育的人，1％才可能變成企業者。受過小學教育

---

⑭ Copalsky and McNulty, p. 34.

表二：就業地位與教育程度

從業地位	無	小學	教育程度				總計
			初中	高中	專科	大學	
雇主	1.3	4.1	3.7	4.9	4.5	9.1	4.1
自雇	41.4	30.6	12.1	8.4	4.6	4.1	22.1
被雇（私）	36.6	50.9	66.0	57.3	44.6	37.5	52.4
被雇（公）	5.3	5.0	8.0	22.3	42.9	48.1	12.2
家庭	15.4	9.3	10.2	7.2	3.3	1.2	9.2
總計	100.0	100.0	100.0	100.0	100.0	100.0	100.0
N	2,831	11,207	4,829	4,470	1,168	1,084	25,589

的，增高到4％的機會。很有趣的，從小學程度到專科程度，變成企業者的機會差不多相等：都是在4％左右。可是從專科到大學就大大的不同了。專科程度升成企業者的機會是4.5％，可是，大學程度就增高到9％了。

專科程度與大學程度居然有這麼大的差異，這是個令人深思的問題。從我們的統計資料看來，專科教育比起大學教育確實有不如的地方。依照常理說來，應該是專科學校的畢業生，進入工商界的機會多，創業也很可能較早，他們比較深入基層，懂得接近工人羣衆，因此，較有經營小企業的本領。大學畢業生則是文法學生居多，當公務人員的機會多，進入工商界的機會少，因之，創業的可能性不高。然而，事實並不如此。這是什麼原因呢？

依據筆者的推理，很可能是因爲專科教育太注重技能訓練，埋沒了領導能力的訓練。專科訓練的項目太專太狹；往往只是注重某種職業的訓練。結果：走進了工廠之後，頂多爬上技工的位置，只適合替老板賺錢，不知道怎麼樣開創新的環境，新的局面。這是技術工作者的悲哀，一般在美國的華裔工程師也有同樣的苦悶。如何打破這種局限，這是一個完善的社會政策所要解決的問題。我們看表二所示，專科學校的畢業生居然比起高中畢業生更沒有創業的能力：前者有87%是受雇的，後者只有80%而已。可見，我們的專科教育有待改進，課程及訓練的預向必須重新調整；不要讓專科教育埋沒了創業的能力。在表三我們比較大學及專科畢業生的科系及創業的可能。臺灣的大專教育偏重工程與商業。大專畢業生有27%唸工程的，40%唸商科的。因此之故，臺灣具有大專教育的企業者，26%是工程畢業的，39%是商科畢業的，可見工商訓練背景的人居多。可是，若我們依照各科系的企業家的比例來看，我們會發現，工商科系的畢業生，並不見得比文法科系的畢業生容易擠進企業家的行列。譬如說，文學院的畢業生有 6%的可能變成企業家，可是工商學院的學生只有5%而已。同樣的，法學院（社會科學院）的學生有5.5%的可能率開創企業，工學院的畢業生的可能率只有5.1%。這是一個很有趣的事實，值得一般陶醉工商科系的家長們深思的。

工程科系的畢業生爲什麼比不上法學院的學生容易擠進企業家的行列？其中原因很可能跟出國的狂熱有關。因爲美國工程師的需求量很大，美國的教育風氣比較不適合培養腳踏實地的工作者，各國的優秀工程人員紛紛往美國跑。臺灣的大學工程科系的畢業生至少有70%移民美國的，形成人力資源的眞空，造成經濟起飛的瓶頸。我們的教育決策者美其名爲「儲才」，事實上是「楚才晉用」，是國家人力資源的莫大損失。

從表三我們也看出另外一個很有趣的事實，醫科的畢業生居然很多變成企業的開創者（12%），這是西歐國家少有的現象。臺灣因爲

表三：就業地位與教育背景

教育背景	企業家	其他	企業家之比例
人文	1.4	1.0	5.8
社會科學	0.5	0.4	5.5
商業	10.0	7.8	5.2
自然科學		0.3	6.1
工程	6.8	5.4	5.1
農業	2.2	1.5	5.9
醫學	2.5	0.8	12.0
軍事	1.2	0.9	5.3
教育	0.5	1.3	1.5
其他	74.4	80.6	3.8
總計	100.0	100.0	4.1
(N)	(1,052)	(24,537)	

受日本文化的影響甚大，醫生是所有的行業裏可能收入最高的一種。在西歐社會裏因爲專業化的程度高，醫生的財富只能投資房地產。臺灣的經濟已在開始起飛，每一個的行業投資額不必太大，但是報酬率相當的快，相當的高，醫生因之很可能獨資經營，搖身一變，成爲企業巨子；相反的，最不吃香的科系是教育學院的畢業生，滿腦子清高亮節的仁義思想，吃一輩子的粉筆灰，也賺不了幾個錢，(在大陸還要被人批鬥成臭老九，) 在所有的科系畢業生當中，最難擠進企業家的行列(只有1.5%)。

⑮ Kenneth R. Van Vorhis, *Enterpreneurship and Small Business Management*, Boston: Allyn and Bacon, 1980, p. 22.

六、工業結構與企業經營

前面我們談到擠進企業家行列的個人條件，主要強調的是企業分析的供給面。我們著重的分析是個人條件，也就是說，何種人比較可能變成創業者？很顯然的，一個人的成就脫離不了外在的環境。外在的工業結構的需求，影響了個人的命運。若是時來運轉，一個清道夫說不定可以成爲清潔公司的創業者。所謂「時來運轉」指的就是社會結構的變化。一個社會在變動，就如一股浪潮，其勢可以排山倒海，個人只是海潮裏的一個貝殼，可能被捲到美麗的沙灘，也可能被捲進不見天日的海底。所謂「具有企業傾向」的人，古今皆有，比比皆是。有的被埋沒了，有的可以有發揮的餘地，這完全是社會的經濟結構所決定。

社會經濟結構的變化，通常分三個層次，這是社會科學研究中的常識。第一個層次，就是首要工業的發展，也就是自然資源的直接開發，譬如農耕、狩獵、造林等等，人類歷史有很長的時間停留在這個階段。第二個層次就是加工業的發展，也就是一般人所謂的工業革命。大量的農村人口向工業重鎮遷移，企業經營成爲一本萬利的行業，現在的臺灣社會正是這一段歷史的寫照。第三個層次就是服務業的發展，服務業代替了加工業成爲經濟的主流，高技 (High Tech) 的進步，大量的削減了工業成本，人力變成了最寶貴的資源，這種社會，好事之徒稱之爲「第三潮」(The Third Wave)，或者是工業後的社會 (Post-Industrial Society)。在這種的社會經濟結構當中，組織管理成爲最重要的基本動力；企業家的風格，成爲經濟發展最迫切需要的因素。

臺灣的統計資料，很明顯的證實這種的看法，社會的經濟結構的變化確實與企業者在組織經營中的比重有很密切的關係。有如表四所示，臺灣的首層經濟結構中，企業者所佔的比率只是0.8%。在次層的經濟結構中，比率大大的升高到4.5%。在第三層的經濟結構中，繼續升高到5.8%。可見，社會經濟結構的轉變，往往會提升了組織人才的需求，讓有組織管理能力的人，能夠擠進商業精英的圈子裏。

表四：就業地位與產業類別

就業地位	初　級	次　級	第三級	總　計
雇主	0.8	4.5	5.8	4.1
自雇	54.2	3.1	23.6	22.1
被雇（私）	17.0	87.9	37.4	52.4
被雇（公）	4.4	5.0	25.6	12.2
家庭	23.5	2.5	7.7	9.2
總計	100.0	100.0	100.0	100.0
N	5,888	10,641	9,060	25,589

到底那些特殊的行業比較可能讓有組織管理能力的年青人一展身手的機會？這是一般人很想知道的統計結果。尤其是一些「望子成龍」的家長們，總希望知道這方面的消息。我們的統計資料很有限，不太可能完滿的解答這個重要的問題。不過，我們不妨指出一些較具體的事實來。從表五我們可以看出，臺灣的某些特殊行業的擴展，大大影響臺灣的年青人擠進企業家的行列。

零售業是臺灣最普遍的行業，至少 10% 的從業者是屬於這種行業；臺灣16%的企業家是從事零售生意的。但是，零售業不太可能有很大的發展，當老板的機會只是 6.7%。最有可能當老板的是進出口的生意。在臺灣，五個從事進出口生意的人，大約有一個當老板（19.1%）。這個比率相當的高。一方面是因爲臺灣的進出口生意還沒有被大資本家所壟斷及操縱，年青人還可以聚積小資本，很容易的當老板，另一方面是因爲進出口生意本來就是風險相當大，變化萬端的行業，容易賺錢也容易賠錢，當老板的機會大，但是破產的機會也很大。

另外一個容易當老板的行業是批發的生意。批發的行業本來就是需要大量資本的生意。只有少數的人才有辦法做。在臺灣，從事批發業的人只是 1%左右，但是，商業精英當中從事批發業的就有 5%。可見，若是有本領從事批發業，當老板的機會就很大。

表五：十大工業之企業者所佔比例

十大工業	企業家	其他	比例
1.零售	16.0	9.5	6.7
2.服務	9.2	4.1	8.8
3.五金	6.7	2.7	8.9
4.進出口	5.8	1.1	19.1
5.批發	4.7	1.3	13.5
6.傢俱	4.6	2.8	6.6
7.營造	4.6	6.6	2.9
8.修理	4.2	1.7	9.4
9.餐飲	4.0	2.3	6.9
10.塑膠	3.7	2.5	6.0
總計	100.0	100.0	4.1

除了這兩種行業之外，其他比較有可能當老板的是：機械修理，五金業，以及服務業。這些行業當老板的可能率不多是9％左右。在所有的重要行業中，最不可能當老板的是建築。在這種行業裏，混一口飯或者較容易，但是，只有3％的可能當老板。

七、如何變成成功的企業家？

我們以上所討論的主題，不外是：變成企業家的個人及社會條件，誰是企業家？變成企業家的個人條件是什麼？社會因素（行業）又是什麼？其次，我們要進一步的討論：如何變成成功的企業家？也就是說，我們要進一步的分析：在所有的企業家當中，爲什麼有些人成就高？爲什麼有些人成就低？我們的樣本是1052位臺灣的企業家。我們想進一步的瞭解決定他們成就的個人及社會因素。順著上述的理論根據，我們所要確定的個人因素是年資及教育程度，社會因素是行業。

依據表六我們可以看出臺灣的企業經營大多數是中小企業，78％的企業單位只雇用10個以下的勞動者。在美國，所謂中小企業是指雇用少於500個勞動者。可見，我們臺灣的企業規模還是相當的小，也同時可以看出，臺灣的企業規模還是相當的均衡化，大資本家還是很少。在臺灣，能夠雇用100個以上勞動者的企業家，只佔所有的企業者的6‰。

雖然臺灣的企業規模仍然很小，但是，所謂「麻雀雖小，五臟俱全」。小的規模當中，仍然有大小的分別。我們是以企業規模的大小當做企業家成就的指標。在臺灣，若是能夠雇得起30個以上勞動力的企業者，就算很不錯了，只佔所有企業者的6％。

表六：企業規模及企業者之年齡

企業規模	15～39	企業者之年齡 40～54	55＋	Total
10人以下	82.9	73.4	70.5	77.9
10～29	13.6	18.1	18.8	15.8
30～49	2.8	4.5	4.0	3.4
50～99	0.8	3.1	5.4	2.3
100以上	0.2	0.8	1.3	0.6
總共	0.2 ——100.0	0.8 ——100.0	1.3 ——100.00	0.6 ——100.0
N	546	354	152	1,052

從表六，我們也可以看出臺灣企業者的成功要素仍然相當的傳統化的。年資仍然是個很重要的因素。年齡在 40 歲以下的企業家，他們所經營的企業單位平均只雇用 8 人。壯年（40～54 年齡）的企業者，平均雇用11人。老年（55＋年齡）的企業者，平均雇用 14 人。可見，年資愈高的企業者，愈可能雇用較多的勞動力。也就是說，企業者的年資及他們經營的成就，兩者是成正比例的。

除了年資之外，教育程度及企業型態也是決定企業者成就的要素。我們可以應用統計學上多項分析的方法，來測定到底那一種要素比較重要。年資及教育程度是代表企業者的個人條件，企業型態是代表企業者的社會條件。前者可以稱之爲供給面，後者是需求面。企業型態之中，首層企業所佔的比重很小，所以我們只著重在次層（加工業）及末層（服務業）的差異分析。

我們以數學符號S代表企業者的成就（也就是雇員的多寡），I代表企業型態（0是加工業，1是服務業），A 代表年資，E 代表教育程度。其次，我們考慮到因變數可能不是常態分配，企業單位的雇員多寡很可能是偏態的（skew）分配，所以，因變數應該以對數的方式來表示。由此，我們可以找到一個多項迴歸模式：

$$l_nS=b_1I+b_2A+b_3E+e$$

這裏的 b_1、b_2 及 b_3 代表著每個自變數對於企業成就的比重影響（Proportional Effect）。

表七提供這個分析法的統計結果，也就是因變數與自變數之間的相互關係的程度。因爲我們的樣本很大，N=1,004，所以大多數的相關係數都是非常的顯著（significant）。我們發現不論是年資或者是教育程度，兩者與企業成就都有很強的正相關，然而年資與教育程度之間的相關是負的。另外一個有趣的事實是：企業型態及企業成就之間是負的相關。從次層企業轉變到末層企業，很可能雇用的勞動力就會降低，也就是說老板所管轄的人數就會減少；可見社會經濟結構

表七：企業規模、產業類別、企業者年資及教育程度之相關係數

	企業規模	產業類別	年　資	教育程度
企業規模	1.000	−1.197	0.144	0.129
產業類別		1.000	0.122	0.141
年資			1.000	−0.075
教育程度				1.000
平均數	1.813	0.519	25.2	8.9
標準差	0.833	0.500	11.0	3.8

從表七的相關係數，我們可以導出下面的迴歸方程式：

$$l_nS=1.321-0.408(I)+0.014A+0.039E$$

$$(0.051)\quad(0.002)\quad(0.007)$$

$$R=0.313$$

的轉變，很可能打破資本家的壟斷局面。

我們可以用偏微分的方法來測定每個自變數的比重影響。經過偏微分的計算結果，我們發現，企業型態的改變——從次層轉變到末層——很可能促使資本家的雇員人數減少了41%。從另外一方面看，企業家的產業單位，往往隨著他的年資經驗的增長而擴大。企業家的年資增加一年，產業單位擴大 1.4%；同時，企業家的教育程度提高一年，產業單位也隨著擴大3.9%。我們不能從這些數學分析的結果，來決定三種要素之中何者最重要，因爲這三種要素是基於不同的起點。有如西諺所謂「蘋果與橘子之比」，那一種好吃，很難說。但是，從表七及上述的方程式，我們好像可以推斷出企業型態轉變的重要性。當一個社會正在激烈的轉變之中，第三潮的壓力愈來愈大，勞動力的價值跟其他種的經濟因素比較起來，愈來愈顯得昂貴，資本家的產業單位愈來愈雇不起那麼多的勞動力。不錯，資本家本身的年資經濟愈豐富，本身的敎育程度愈高，他們的產業單位很可能愈興旺，雇員愈多。然而，總結而言，個人條件的增強總是敵不過社會因素的轉變。看來似乎企業型態的轉變比較重要。

八、結　論

企業風格的研究，逐漸的形成社會學研究的一部門。有如包模（William Baumol）所說的，晚近經濟學的理論發展，幾乎完全的放棄了企業風格的研究⑯。雖然傳統的經濟學者，有的認爲企業家是經濟成長的要素，就像認爲人口也是經濟成長的要素一樣。但是一般

⑯ William Baumol, "Entrepreneurship in Economic Theory", *American Economic Review* 58, 1968, pp. 67~71.

的經濟學者，尤其是前峰的經濟學者，對於人口或者企業經營的研究幾乎是一無所知，甚至嗤之以鼻；他們所熱中研究的對象是貨幣銀行，眞正的「社會現實」——錢。

本文的研究是從企業社會學的觀點出發。我們研究的題目有二，一是那種人可以成爲企業家？二是那種企業者可以有成就？我們分析的觀點有二，一是個人條件，包括年資經驗及教育程度，二是社會條件，也就是企業型態。

臺灣是個研究企業社會學者的理想實驗室。整個社會經濟結構在短期間內激烈的變動著。眞的可以稱得上白雲蒼狗，瞬息之間就有變化。整個社會是動態的，起飛的。任何的研究預測，馬上可以得到檢驗，不必像研究西方社會的學者，過去一百年的社會變遷無法捉摸，只能從歷史的斷簡殘篇裏去瞎猜。臺灣的統計資料實在是太豐富了，可以讓社會科學的研究者，窮畢生精力也分析不完的。

本文的研究結論，很簡單的可以分兩方面來說明。第一，我們的發現，跟麥克蘭及海根的理論頗有差異。臺灣的企業經營者，並不如西方學者所描述的，是社會的偏差人士。西方學者總以爲企業風格是遭受地位退縮者的心理反應，非常態的。相反的，我們發現，臺灣的企業者俱備的個人條件，往往是中國傳統社會所尊重的規範。年資經驗高，教育程度好，這兩種傳統社會所崇尚的規範，也就是臺灣企業者的象徵。本文的實證研究結果，讓我們對於海根理論的準確度產生很大的懷疑。

第二，我們發現，企業型態的轉變，可能比個人條件的增長，更會影響到商業精英的選拔及成就。近三十年來臺灣經濟結構的變化，無形的造成了許多人擠進資本家圈子的機會。像進出口業，像五金業，像服務業，這些企業的發展最容易使雇員變老板，使烏鴉變鳳凰。經濟結構的改變，確確實實的影響到企業家的形成。熊必德所謂企業風格影響到經濟結構的改變，很可能只是偏論。

第九章　勞工問題與社會政策

一、前　言

當前臺灣的社會問題，無可否認的，已經變成中華民國立國最大的政治問題。假如說，1970年代是臺灣的經濟起飛及成長的時代，那麼，1990年代將是臺灣社會問題紛至沓來，必須全國人民努力奮鬥解決的時期。我們迎接二十一世紀的來臨，總不免有點沉重的心情：到底未來中華民國的命運，是否會被繁雜無序的社會抗爭拖垮？還是中華民族的聰明才智能夠迎接挑戰，開創一條光明大道出來？

在多重的社會問題當中，當今勞工問題的嚴重性已經是有目共睹的。半個世紀前中共造反的時候，曾經有農民運動與勞工運動的路線之爭。那時的中國工業化不夠，勞動人口還很少，因之，幾次的勞工運動都失敗了。如今臺灣的情況就不一樣了。當今臺灣的就業人口就有八百多萬；參加勞工保險的，就有五百多萬人，幾乎佔整個勞動力的 2/3。這麼廣大的勞工市場，難怪社會問題無奇不有，尤其在解嚴之後，問題更是千變萬化。

從這次年底的大選結果，我們不難看出，執政的國民黨已經沒辦法完全的掌握住千變萬化的勞工情況 。過去勞工工會， 根本不是問題，完全在執政黨的完全支配中。立委選舉幾乎是形式而已。三年前民進黨開始抗爭，國民黨足額提名，四名當中只有一名落敗，並且國民黨在勞工界的得票仍然有77％之多。今年就不一樣了。五個名額當中國民黨只能提名兩位，其他就開放競選，變成了羣雄並起的局面，黨的功能已經低落了。選舉的結果，國民黨提名者的得票，只佔31％，加上准許競選七人的得票，也只不過55％。然而，民進黨僅提名三人，得票率高達27％。

很顯明的，未來的勞工情況的演變，將是一個很重要的政治課題。如何經由瞭解，然後加以預測；並且從預測當中，有助於我們建立一個完善的勞工政策，這是很值得社會學者愼思熟慮的。

本文的目的，就是要剖析與預測當前臺灣勞工界的重大問題，首先要探討的是臺灣勞動力老化及外籍勞工引用的問題。臺灣已不是人力充沛的落後國家了。隨着經濟型態的改變，臺灣已面臨人力不足的現象。從人力培訓的分析中，我們更深一層提出解決之道，也就是勞動力發展的第二個問題；如何提升婦女的勞動參與。我們批判西方勞工政策的缺陷，其中之一就是西方經濟學家偏重短程效益，忽略了探討如何發展長期性的社會文化資源。引用外籍勞工，那是短期性的政策，發揮內在勞動力才是長期性的投資。從長期性的勞動力發展上看，臺灣正面臨着第三個大問題，也就是職業流動及勞工異化的問題。我們特別提出一個政策概念，也是儒家傳統思想一直強調的：如何加強「企業親情化」。本文的最後一節，重點放在分析政府應該扮演的角色。

二、人口老化的危機

三十年前，一羣研究美國勞工問題的權威，提出一個很有趣的學術概念，稱之爲「工業意識」(industrialism)❶。在他們看來，未來世界社會發展的方向，應該是走向普同的道路，而不是分歧的對立。因爲技術革命的澎湃衝擊，每個社會無不以科技的競賽爲生存的依據。科技文明的發展，改變了整個產業結構；連帶的，社會的心理狀態及價值觀念也改變了。於是，工業意識形成了社會發展的主流。人類社會不管各別的文化傳統差異，一旦受到工業意識的薰陶，越來越相似相近。不是西風壓倒東風，也不是東風壓倒西風，而是，東方與西方都朝向一個普同的方向發展。這也就是社會學者所謂的「聚合論」(Convergency Theory)。

三十年來，臺灣勞動生產關係的發展，確實證明了這些學者的理論，有其獨到的貢獻。三十年前很少人敢相信，擁擠的臺灣島上，居然會有勞動力不足的現象，然而就像這些先知先覺的學者所預測的，隨着科技文明的衝擊，生產方式的改變，婦女就業機會的增加，因此，嬰兒生育率也降低了。勞動力後繼無人，人口也跟着老化了。

經濟學家談到勞動生產關係，總喜歡應用一個非常簡單的生產方程式:

$$GDP = P \cdot E$$

GDP 是代表國內生產總值，P是工人生產率，E是勞動力。這個方程式若是兩邊微分，去掉交叉項目，可以簡化成爲:

$$\triangle GDP = \triangle P + \triangle E$$

也就是說，一個社會的經濟成長率，專靠兩個重要的因素：一是勞動生產率的提高，一是勞動人口的增加。

勞動生產率如何提高，那是很複雜的問題，留待以後再討論，勞

❶ 該名著是由一群頗負盛名的研究者一齊合寫的。包括 Clark Kerr, J.T. Dunlop, F. Harlison, 及 C. A. Myers。書名是 *Industrialism and Industrial Man*, 哈佛大學出版社，1960.

動人口的增加則是較簡單明瞭的現象。過去臺灣經濟的起飛成長，多多少少是勞動力增加的貢獻。

西方學者的研究結果，也證實這個道理❷。雖然歐美國家最近的經濟成長率不高，但是仍然是穩定的增加。尤其是美國的勞動人口，每年增加總是維持在1.5%左右，它的生產總值，總是每年增加至少3%以上。相形之下，臺灣的經濟發展可以說是奇蹟。過去三十年來，臺灣的經濟成長率，每年增加8%以上；勞動人口的增加，每年至少3%以上。(見圖一)

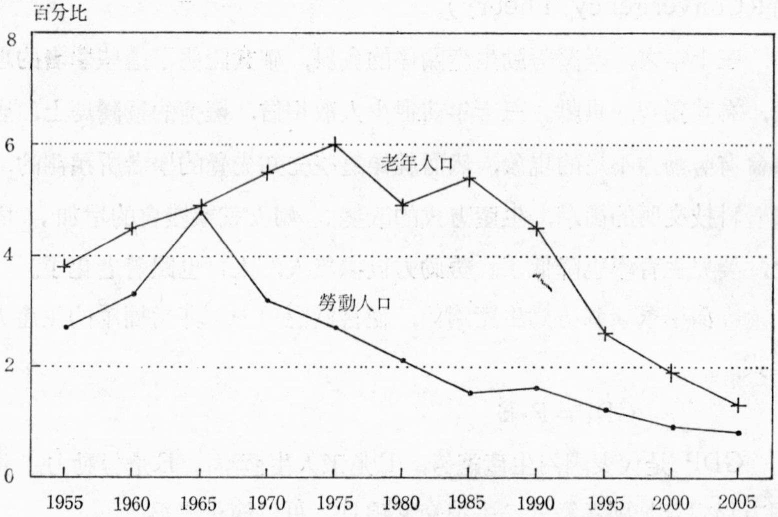

資料來源：經委會《臺灣統計資料及預測》。

圖一：勞動人口與老年人口之每年成長率，1955～2005

可惜好景不常在，今後臺灣勞動力的增加並不樂觀。1960年代是臺灣經濟起飛猛進的時期，那時的勞動力增加幅度最大，高達5%，

❷ 比較西方各國的勞動市場的最新著作，見 E. Wohlers與G. Weinert合著 *Employment Trends in the United States, Japan and the European Community*, Transaction Books, 1988.

可以說是世界少見的。70年代仍然可以維持在3％。到了80年代，已經下降到2％。今後的1990年代，情況不妙了，預期勞動力的增加只不過是1％而已，比美國還低。

今後老年人口的相對增加，將是社會支出的重大負擔。預計每年老年人口增加6萬人左右。也就是說老年人口的成長率差不多是每年增加5％，增加的速度相當的高。在這種情況下，我們若是冒然的實施全民保險制度，沒有周密詳細的規劃收支狀況，那麼，經濟後果將是不堪設想的。

人口結構的萎縮，是臺灣勞動力下降的原因之一；勞動意願的低落，也是臺灣勞動力下降的另一原因。一般人總以爲國人好賭成性，造成勞動意願的低落。事實上，大家樂六合彩的興起，只是近幾年的事，而整個臺灣勞動意願的下降，則是經濟發展必然的結果，由來已久，並不是最近幾年才發生的。(見圖二)

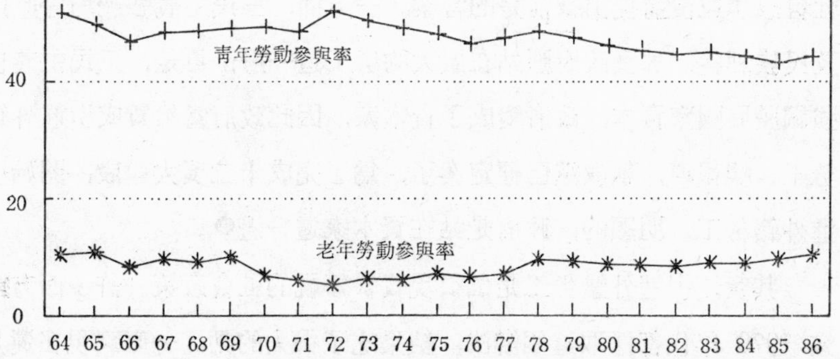

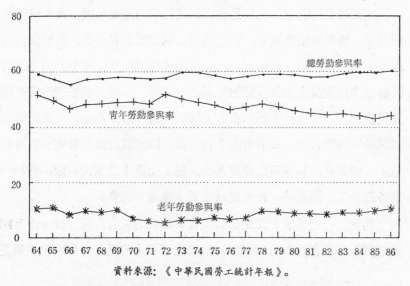

資料來源：《中華民國勞工統計年報》。

圖二：臺灣勞動參與率之變動，1964～1986

1960年代，臺灣年青人的勞動參與率很高，一百人當中有一半加入勞動市場。也就是說年青人（20～24 歲）的勞動參與率是50％左右。隨後，就逐漸下降了。1970年代，還可維持在45％以上，可是到了 1980 年代，就下降到40％而已。今後一定會持續的下降，爲什麼呢？原因不是臺灣年青人好吃懶做，或者是好賭成性，主要的原因是教育程度的提高。一旦十二年義務教育推行之後，我們可以看到，臺灣年青人的勞動參與率大大的下降。

三、飲鴆止渴的外籍勞工政策

面對着勞工短缺的危機，資本家的自然反應有二：一是引進外籍勞工，壓低生產成本；二是資本外流，到大陸到東南亞去設廠，以維持邊際利潤。

外籍勞工的引進，往往是造成勞資抗爭的重要原因。資本家堅持要引進，勞動者堅決反對。在這種利益團體的對立當中，政府如何處理呢？當今執政的國民黨正好處在這個尷尬的境地。可惜三民主義的社會思想並沒有提出很清楚的答案。一方面，三民主義強調均等原則及民族利益，那麼政府應站在廣大的勞工這一邊；可是，三民主義也強調發展國家資本，政府變成了資本家，因此政府當然贊成引進外籍勞工。據報導，執政黨已經定案了，爲了完成十二項大建設，開始引進外籍勞工。明顯的，政府是站在資本家這一邊❸。

其實，引進外籍勞工是個很現實很短視的社會政策。許多西方國家 1970 年代都採取這個辦法，結果吃了很大的虧，一直到現在還是

---

❸ 《中央日報》(海外版)，1989年10月22日。

遺毒未消，不知道怎麼辦。西德法國，都曾經有過10%的勞動力來自「外籍兵團」。起先是政策謹慎，可是後來大門一開，不可收拾。到底勞工不等於貨物，不可能呼之則來，驅之則去。勞工是人，他們會吃飯，會生孩子，也有七情六慾，也會製造社會問題。

處理外籍勞工的政策，社會學上有所謂「德國模式」與「日本模式」之不同。1970年代，西德與日本都面臨著勞工短缺的問題。德國人的解決方法是現實的，短期性的，然而日本人的解決方法則是堅忍的，長期性的。日本人不願意引進便宜的外籍勞工，他們認爲日本人已經過多了，人口密度過高了，不可以加深人口的壓力。因此，日本人束緊腰帶，以忍耐勤勞渡過難關。由於日本人的勤儉，他們省錢儲蓄，把餘錢再投資，投資到生產設備的改良，以自動化機械化來取代勞工的短缺，這樣經過了一二十年之後，德國人經濟並沒有顯著的上升，反而外藉勞工遺留一些社會問題（譬如子女的教育費用），還要政府透支預算去解決。相反的，日本經濟變成世界第二，日本的工業設備比美國及西歐國家更前進。

四、勞動力的培訓

儒家的經濟思想，若是與西方資本主義有什麼不同的話，就是儒家的經濟思想很重視長程的效益，不斤斤計較眼前的享受或報酬。東方人有耐心，肯忍耐，凡事看得遠。最近《紐約時報》以頭條新聞登載了日本人對美國經濟生產力低落的忠告，其中有一條就是希望美國人能夠修正短視的經濟心態，多重視長期性的投資，譬如加強教育，以及人力資源訓練的投資❹。

❹　《紐約時報》1989年11月20日。

就如我們上面提到的數理方程式所示，提高經濟生產力的兩大法門就是：(一)提高勞動生產率，(二)增加勞動人口。若是人口結構的萎縮，影響了勞動人口的老化，那麼，提高勞動生產率變成了經濟發展的唯一依據了。如何提高勞動生產率是個很複雜的問題，不過，從日本人所發揮的儒家經濟經驗，我們可以歸納出兩個方案：一是鼓勵勤儉儲蓄，投資生產設備的改善，二是加強教育及勞動力的培訓，提高勞工的品質。

日本的大企業，往往盛行職業終身制。他們很重視勞工與資方的交互情感。不像西方的資本家，把勞力當貨品，呼之則來，驅之則去；要你的時候，三跪九叩，高薪聘請，不要你的時候，臉色一變，下令解聘。日本人不重視專材，他們相信，鐵杵可以磨成針；只要多花工夫訓練，任何人都可以培養成專材。因之，當經濟不景氣的時候，西方資本家為了短期效益，第一件想做的就是大量裁員；可是日本的廠方總是想盡辦法，讓勞工有口飯吃，在艱苦的時候，他們反而大量投資教育，培訓勞工，轉業到比較有效益的部門去。

重視勞動力的培訓，應該是儒家經濟思想的精髓，也是臺灣今後面臨着勞動力短缺，仍要開闢第二個經濟奇蹟，必須要死地求生的一條路。我們過去沒有自信，太相信西方資本主義的企業經營，結果造成了許多社會問題。其實傳統的文化，有些是值得大大的發揚的。

依筆者看來，臺灣勞工短缺的現象，並不是太嚴重，其實可以很容易解決的。解決的方法，不是短期性的引用外籍勞工，而是長期性的注重勞動力的培訓。培訓的特別對象有二，一是澎湃成長的婦女勞動力，二是潛伏存在的國防兵力。

婦女勞動力的蓬勃成長，是近十年來臺灣經濟社會的一大好事。過去幾十年來，臺灣年青人的就業意願一直下降，勞動人口結構也一直老化萎縮，理論上應該是整個國家的勞動參與率會下降，可是事實並非如此。(見圖二) 正好相反，臺灣的勞動參與率從 1970 年的 57%，節節上升，最近已經突破60%的大關。原因何在？主要是由於婦女就業意願提高的貢獻。

過去幾十年來，臺灣的勞動市場顯示出陰盛陽衰的現實。男性勞動參與率，從 1964 年的84%，節節下降，最近已降低到75%，也就是說 100 個成年的男人當中，只有 75 人外出工作。相反的，婦女的勞動參與率，步步高升，從 1964 年的34%，到最近已快接近50%。如今，臺灣的勞動市場，已不再是男人的天下了。將近40%的勞動者是女性；整個婦女就業人口大約是 300 萬以上。(見圖三)

很可惜，一般的勞工決策者還沒有深刻的認識到婦女的勞動潛力。傳統的觀念還是所謂「男主外，女主內」之分。依據行政院主計

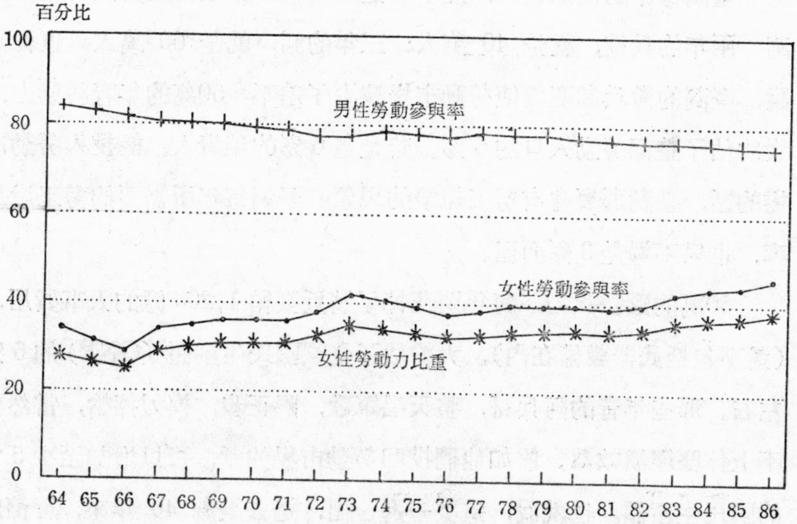

資料來源:《中華民國勞工統計年報》。

圖三: 勞動參與率之性別差異，1964~1986

處的統計報告❺，臺灣現今的職業訓練還是以男性勞動力爲主要對象；女性僅佔20%左右。事實上，婦女的就業培訓太重要了，不僅可解決經濟問題，同時也可解決社會問題。無可置疑的，臺灣的離婚率一直增加，單親家庭愈來愈多，因之，貧窮兒童也有上升的趨勢。加強婦女的職業訓練可以預防許多社會問題的產生。

國防兵力也是勞工政策決策者一直忽視的潛在勞動力。中國的傳統歷史上，一直提倡著所謂「屯田制」的勞動概念。也就是說，當軍隊不打仗的時候，爲了節省經濟負擔，必須把國防兵力轉換爲勞動生產力。這是個很淺顯的經濟政策，幾千年來一直被中國人認爲理所當然的。可惜在臺灣四十年來，不知道是什麼政治壓力，總是把國防兵力當成是「聖牛」(Holy Cow) 看待；沒人敢談國防兵力的經濟效益問題。

臺灣每年的役齡人口，差不多是 40 萬，扣除女性，大約是 20 萬。兩年的兵役，就是 40 萬人；三年的話，就是 60 萬人。也就是說，臺灣的徵兵制度，使勞動市場減少了差不多50萬的年青勞動力，大約佔了整個勞動人口的 6 %。若是這 6 %的年青人，能投入勞動市場的話，臺灣那裏會有勞工短缺的現象？臺灣每年所需要的勞工增加率，也只不過是 3 %而已。

50萬的國防兵力，每年要花掉了將近臺幣 1,200 億的人事費用，(還不包括武器設備在內)，大約佔了全國國民生產額 (GNP) 的 5 %左右。那些年青的阿兵哥，整天唱軍歌，踢正步，摸刀擦槍，當然談不上什麼經濟效益。假如他們投回勞動市場的話，可以增加至少 5 %的國民生產額。也就說，這麼一進一出，過去臺灣 40 年來，經濟成

---

❺ 行政院主計處出版之《臺灣地區職業訓練調查報告》1985，表 3。

長率有可能再增加 10%，比日本人的經濟成就更偉大多了。想到這裏，我們不禁要向中華民國的全體國民致最高的敬意。背著沈重的國防包袱，他們居然可以開創出跟日本人一般高的經濟成長率。

當然我們不會無知到提倡消滅國防，大量裁減軍費。無論如何，大陸的中共威脅，總是臺灣人民安全的最大隱憂。筆者的建議只是，不能讓 50 萬的潛在勞動力，白白的浪費他們的青春。四十年來，我們天天在準備戰鬥，這是世界史上少有的現象。爲什麼我們不能發揮老祖宗「屯田」的精神，加強國防兵力的職業訓練？讓年青人在服役當中學習些職業知識，有了一技之長，有了正確的職業道德，一旦退役之後，馬上可以加入生產陣線，發揮經濟效益。

五、職業流動與異化

勞動力培訓的主要項目，不僅是技能訓練而已，最重要的是敬業精神的養成，也就是培養年青人如何待人處世的勞動態度。晚近臺灣經濟發展的隱憂，就是遭遇到職業道德衰落的問題。過去我們中國人往往引爲自豪的，是刻苦耐勞，守成不二的敬業精神。可是隨著產業型態的更換，社會風氣的轉變，現今一般勞動者只求急功近利，把傳統的美德置之腦後了。

由於西方資本主義的影響，臺灣的企業經營方式也改變了。勞資相互的關係，已逐漸的演變成爲只是相互利用而已。雇主視勞工爲貨品，勞工把雇主當跳板。當今臺灣勞動市場的一大毛病，就是跳槽現象的嚴重。一般勞動者不安心求進，只是追逐較高的短期利益。臺灣勞工跳槽的頻繁，比美國資本主義的社會還嚴重。一個臺灣勞動者，在一個私人企業機構裏，平均只會待住四年而已，然而在美國平均是

六年以上。(見表一)

表一：私人企業之平均服務年資

企業規模(人數)	百分比	平均年資
10人以下	40.1	4.7
10～29	19.3	3.8
30～49	8.6	3.7
50～99	9.8	3.7
100～499	16.2	4.1
500人以上	6.1	5.3
總　計	100.0	4.3

資料來源：《1985年之全國勞動力調查》。

跳槽的頻繁，對於一個大公司的營業影響或者不會太大。在美國跳槽是個普遍現象。然而臺灣的企業是以中小型爲主。94%的勞動者都在中小企業(五百人以下)工作。因之，跳槽對於臺灣企業經營造成很大的傷害。一個公司好不容易投資訓練人才，才沒多久，人才就被挖角了，因此投資的報酬率只好歸零。這也就是臺灣的企業界爲什麼不願負擔人力訓練的原因。資方寧願多出點錢，到別人公司去挖角，撿人家的便宜。這是資本主義企業經營的特徵，大家只講短期利潤。

在這個以中小企業爲主流的經濟型態，政府有義務扮演呆頭鵝的角色，投資培訓人才，讓中小企業去撿便宜。過去中華民國政府曾經有過「職業訓練金條例」，準備徵收基金，大量投資職業訓練，可是，從 1972 開始實施不到兩年，就壽終正寢了。最近雖然建立幾所訓練中心，可是受訓的技工仍然佔勞動力的小部份而已。

筆者以爲，職業訓練的最大毛病，就是學非所用。政府每年花了十幾億元，買地蓋房子，建立訓練中心，等到硬體設備完成了，訓練的項目也落伍了，被淘汰了。因爲科技的進步實在太快了。社會學者常常提到「組織惰性定律」，他們認爲：一個社會組織，往往只重視表面的硬體成長，一心一意的維護既得成就，因而它的功能不容易轉換；因此，當外在環境改變了，那個組織反形成進步的絆腳石。今後我國的職業訓練應該朝向兩個大目標發展，一是訓練項目的機動化，二是訓練方式的普及化；不要太注重硬體建築。

事實上，跳槽現象的頻繁不能完全怪勞動者，雇主的惡劣態度也是個重要因素。有些雇主喜歡擺出大家長的姿態，要他的勞動者唯命是從，順服聽話。我們看歷年來臺灣就業輔導中心的統計，總是很奇怪，發現求才的總是比求職多，怎麼會呢？臺灣不是人浮於事嗎？仔細一看，原因很簡單，這些求才的工作，多是社會學者所謂的「次流的職業」(Secondary Occupations)，也就是死胡同的工作。薪資低，工作無保障，沒有多大升遷的機會；這是「次流職業」的三大特徵。若是雇主不努力去改善這樣的工作條件，只是一味的怨嘆「人才」難求，勞工短缺，那未免是太沒有良心了。

六、企業親情化

儒家的企業經營方式，跟西方資本主義截然不同的，就是企業親情化。儒家傳統思想講究勞資雙方的交叉義務關係。所謂「君對臣不仁，臣對君也不忠」，就是這個道理。社會學者研究西方社會，常發現歐美社區裏的主要的救助單位，只有家庭與政府；然而在儒家社會裏就不同了。儒家社會的救助單位，除了家庭與政府之外，還有就業單位。在傳統的中國人眼中，公司也應該有爲勞動者謀福利的義務。

這個現象在日本在臺灣都很普遍，就是在中國大陸也是如此❻。

儒家社會強調集體活動，個人生活也是集體活動的一部分。中國人講「以廠爲家，以校爲家」，這是西方人不敢領教的文化概念。西方人「家」「廠」分明，一絲不苟，個人生活與公司活動涇渭有別，各不相干。然而臺灣近四十年的經濟發展，逐漸的西風壓倒了東風，一般人以爲文明現代化即是西化，於是企業親情化的傳統慢慢的衰微了。

我們從臺灣歷年來的勞動調查統計資料中，不難看出整個企業結構的改變。我們把企業結構分成三類，一是家庭營業，往往是父母當自雇業者，再加上無酬家屬。開店鋪的，做家庭手工業的，都是這一類。二是私人企業，包括一般的雇主與雇員，所有的西洋化的公司行號都是此類。三是政府事業，包括在政府機關做事的軍公教人員。這三類企業型態，以政府事業最穩定。近二十年來，一直維持 15% 左右。然而其他兩類卻有很大的變動，家庭營業從 1968 年的50%，節節下降，到最近只有30%而已。相反的，私人企業卻是步步高升，從1968年的36%，增加到最近的60%左右(見圖四)。可見西洋式的企業經營方式，已是臺灣經濟生產方式的主流。

西方資本主義的經營方式，並不見得是盡善盡美。晚近日本人的經濟起飛，已使西歐的社會學者側目稱羨。儒家的傳統優越性，讓日本人替我們爭得了國際的肯定。

企業親情化的最終意義，就是打破了西方資本主義中勞資對立的現象。若是企業單位能夠像個大家庭，其樂融融，彼此體貼，那麼，生產力那有不突升猛進的？美國的許多生產單位，已經接受了日本人

❻ 關於中共的企業組織研究，請參考 Andrew Walder 所著 *Communtist Neo-Traditionalism: Work and Authority in Chinese Industry,* University of California Press, 1986.

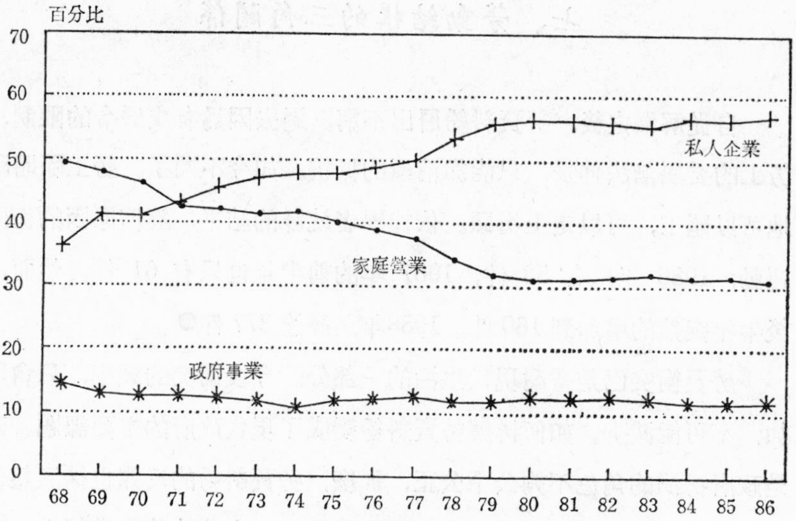

資料來源:《中華民國勞工統計年報》。

圖四: 企業結構之變動, 1968～1986

的挑戰，學習日本經驗。筆者畢業的母校，賓夕法尼亞大學，最近開始注意到員工的家庭生活。學校沒太多的錢替員工蓋宿舍，只好由學校替員工辦住宅借貸款的保證，讓沒有錢的員工也可以買到房子，並且員工也可以住在鄰近的社區，彼此建立感情，這樣員工也就比較不會跳槽高飛了。

建立企業親情化的另一個有效的方法，就是鼓勵勞工分紅入股，打破勞資的對立。這個觀念早在七十年前孫中山先生就提出了。我們自稱是孫中山的信徒，可是分紅入股的制度，在臺灣一直沒法子普遍的推行。一般企業單位都是走資派，極力的抵制分紅入股。雇主只顧私利，經營利潤只讓家族分享，沒有外人的分。面臨這種困境，勞工只好走抗爭的路線。

七、勞動結構的三角關係

自從解嚴之後，勞資糾紛層出不窮。過去因為有戒嚴令的限制，勞工的委屈無法伸張，只能靠消極的抵抗。如今不同了。勞工隨時隨地可以罷工，可以走上街頭。依據學者統計的結果，經濟原因的街頭運動，1986 年只有 53 件，1987 年的前半年也只有 61 件，然而，後半年突然的增加到 160 件，1988年，高達 377 件❼。

勞資衝突已是臺灣現代生活的一部分。今後衝突的頻率，只會增加，不可能減少。如何排解勞資糾紛變成了現代政府的主要課題。若是政府扮演的角色不夠公平公正，那麼，勞資糾紛的反彈也抹黑整個政府的形象，更嚴重的，甚至會拖垮政府。西方政治的兩黨競爭，或多或少是代表著勞資雙方對立的利益。有時勞方執政，有時資方執政，政府只是變色蟲，沒有獨立的意義。

然而在儒家的政治思想中，政府應該是站在勞資的利益圈之外，獨樹一格，以公平公正的形象，處理勞資糾紛。政府是否能夠扮演這種角色？能夠經得起儒家價值標準的考驗？那就是整個政府合法性的問題。無法扮演這種角色，無法符合公平公正的標準，那個政權也就不會很穩定，終被選民所遺棄。

澳洲政府所設立的一個制度，值得我們參考❽，為了維護政府公

---

❼ 沈順治之論文，"Crowd Movement of Taiwan in Post-Martial Law Period", *American Association for Chinese Studies, Annual Meeting* Uviuersity of Wyoming, 1989.

❽ 澳洲的仲裁制度可參考：Braham Dalscheck 與 Johns Niland 合著 "Australian Industrial Relations and the Shift to Centralism", *Industrial Relations in a Decade of Economic Change,* Madison, WI:Industrial Relations Research Association, 1985, pp. 41～72.

平公正的形象，澳洲的解決方法是仲裁權的下放。在行政權之外，另設企業仲裁局 (Industrial Tribunal)。仲裁局由國會授權，超乎黨派的利益，全國分十八個仲裁局，局下設所，總共有八十九個所，專門司理勞資的糾紛問題。

澳洲的仲裁制度，是否可以移植？需要專家學者更進一步的研究。不過，該制度的立意，毫無疑問的，正是當今中華民國政府所迫切需要的。過去四十年來，勞工界對執政的國民黨有很深的誤解，這可以從最近的大選結果看出來。因爲國府也是大資本家，擁有全國¼的企業經營權，因此，許多政府的決策未免有損公平公正的形象，造成勞工界的猜忌。這是值得政府決策深加警惕的。

第十章　什麼是臺灣經驗？

一、前　言

近百年來的中華民族歷史，發生了前所未有的大動亂。從唐宋到清末，一千多年來的中國社會制度，似乎沒有什麼多大的變化。生民、養民與育民各方面，幾乎是追隨著同樣的模式；人口政策，經濟制度，以及教育方式，幾乎是一成不變。可是，從 1882 年的鴉片戰爭，割讓香港，一直到 1945 年中日戰爭結束，擊退了帝國主義的侵略。這一百年之間的中華民族，受盡了列強的凌辱，過著牛馬不如的生活。雖然近四十年來，中華民族總算能獨立站起來了，可是，98% 的人口，仍然過著非洲南美相同的生活水平，堂堂的環球第一大國，仍然是國際人士恥笑的對象。

是何使之？是何致之？這是有思想的中國人一直在探討的一個問題。最近大陸電視臺放映了一部很有突破性的片子，名字叫「河殤」，借著黃河的死亡，來探討中華民族的文化命運[1]。是不是大陸文化注定要走向衰亡的命運？是不是大漢民族眞的是末落的子民？雖然「河殤」的結論或者沒有多大的學術意義，但是，「河殤」的主題是沉重

---

[1] 「河殤」一片的轟動，及學術意義的討論，可參考《中國時報副刊》，1988年 8 月26日。

的，嚴肅的，值得全體的中國人好好的思考；爲什麼近百年來的中國命運這麼悽慘？爲什麼一個似乎代表著中國的新希望的政權，結果反而陷害汚辱了自己的同胞？最重要的，什麼是未來新中國的理想的社會制度？

能夠生活在臺灣的中國人，實在是很幸運；他們能夠逃避掉三反五反的鬥爭，大躍進的慘痛經濟，十年大動亂的迫害。雖然四十年來臺灣社會也有或多或少的問題，但是相形之下，臺灣社會安定多了，至少豐衣足食，絕沒有問題。平均每年國民收入，已接近 8,000 美金，趕過了西班牙及某些西歐國家。難怪臺灣人欣欣自喜，已經替中華民族爭一口氣；替未來的新中國，開創一套可行的經濟模式。然而，到底什麼是「臺灣經驗」？臺灣的社會發展的模式是什麼？一般人只知道臺灣經濟很進步，到底社會是不是也同樣的進步？

這篇文章想討論的，就是想從社會發展的角度上，比較大陸與臺灣的經歷過程。這四十年來，大陸社會政策有那些是失敗的，失敗的原因是什麼？臺灣的經驗有哪些是成功的，成功的原因是什麼？從這些比較之中，我們希望汲取一些原理原則，做爲開創新中國的依據。

本文主要討論的項目，就是「生、養、育」這三方面的問題。社會發展包羅萬象，無法在一篇短文裏全部囊括，我們只能提綱挈領，簡單的把握著一些重要的社會指標，以客觀量化的資料，來分析海峽兩岸的社會發展策略。

二、理性的控制人口成長

從現代化的理論觀點，人口政策的產生是個極重要的分水嶺。在傳統的文化裏，人口成長視之爲天經地義，多子多孫就是福。所謂

「不孝有三，無後為大」，這不僅是儒家的傳統思想，也是人性普同的心態，世界各地的文化都有同樣的看法。然而，在一個現代化的社會裏，人口的成長並不是絕對的，而是相對的；隨著社會經濟的演變，人口有時必須控制。這也就是威伯（Max Weber）所謂的「理性主義」，代表著現代化的思潮❷。

1950年代的大陸與臺灣，一樣是傳統的人口政策；兩個難兄難弟，一樣激烈的反馬爾薩斯（Anti-Malthus）。臺灣堅持著孫中山的思想，以為中國人口要衆多，才能跟列強抗衡；談民族主義，就必須反對節育。大陸上信奉著馬克思主義，馬克思是靠批判馬爾薩斯起家的，既然馬爾薩斯是個資產階級的代表，當然馬爾薩斯的人口控制論就得反對。

海峽兩岸的馬爾薩斯的信徒，所遭遇的命運卻不相同。臺灣的蔣夢麟高唱「殺了頭也要談節育」，結果並沒殺頭，反而自自由由的借用農復會的力量，推動農村的「婦幼保健」，（其實就是家庭計劃）。因為當時政府，以為民族主義是原則，人口控制是政策，兩者可以相行不悖。海峽對岸的馬寅初先生的命運就不同了。不僅他的理想無法實現，他的言論受批判，並且連他本人也要遭受整肅。因為當時的毛澤東，堅信「人多好辦事」。帝王思想，豈容學者挑釁！

有些人以為：大陸今日人口問題這麼嚴重，是毛澤東人口政策的錯誤。這其實是過分的栽贓。毛澤東反對節育，表揚多子多孫，那並不是大錯，只是表現他的封建意識而已。毛澤東最大的錯，就是他的社會政策，殺人無數，阻塞了中國人口的正常成長。四十年來，大陸

❷ 威伯認為現代化最重要的指標，就是社會行為的理性化。國外社會學者諸多討論，國內這方面的研究，見高承恕著，《理性化與資本主義》，聯經出版社，1986。

人口只增加了一倍多而已，每年的人口成長率大約是2%，比印度低得多，當然比臺灣更低了。

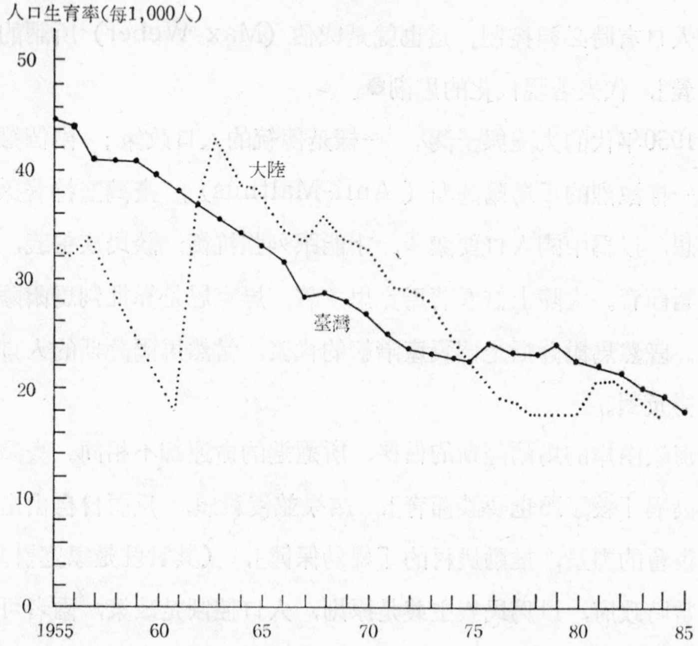

Sources: *Taiwan Statistical Data Book*, 1987 and *China Statistical Yearbook*, 1985.

圖一：臺灣與大陸人口生育率之比較，1955～1985

我們看圖一，很明顯的發現毛澤東的經濟政策造成什麼人口災害。1958到1962之間的所謂「經濟大躍進」，其實是社會大崩潰，人口死亡幾近 3,000萬❸。不僅出生了的死亡了，而且沒出生的也生不

---

❸ 因爲大躍進經濟政策的失敗，中國人口有多人慘死，美國著名人口學者 Ansley Coale 曾有權威性的估計。見其所著：*Rapid Population Change in China, 1952～1982*, Report No. 27, Washington, D.C.: National Academy Press, 1984.

出來了。生育率低到18‰，在 1960 年初葉算是世界的最低記錄。四年之間，因爲人爲的政策災害，該生的沒有生出來，大約的嬰兒數，總共有 2,000 萬左右。

毛澤東之後的大陸人口政策，一百八十度的轉變，從反馬爾薩斯到擁護馬爾薩斯。人口政策的主旨，確實是理性化多了；可惜的是，人口政策的推行仍然脫離不了封建的愚民手法。對岸的臺灣節育政策是採取溫和勸導的「家庭計劃」，政府不干預個人的生育決定，政府只提供節育的方便，經過了整個社會結構的改變，人民的思想也自自然然的傾向小家庭制度，自動的節育❹。鄧小平的人口政策則是完全的干預主義。政府決定每個老百姓要生幾個孩子。生子生女，不是個人權利，應由國家決定，這還是共產思想。

共產黨槍桿子打出了政權，因之總是相信軍事手法可以解決社會問題。他們把人口生育的配額當做軍隊的配糧一樣。每年黨中央決定要生產多少人口，於是層層下配，到了地方的生產小隊，可能分配到只准生一個孩子，張家跟領導有後門關係，就配到了，李家趙家只好怨天尤人滿肚子氣。這樣的社會政策，怎會讓人民擁護？怎會不產生社會糾紛？

三、人力資源的培育

共產黨與國民黨最大的不同，就是共產黨自以爲是反文化傳統，而國民黨一直想維護中華民族的文化傳統。共產黨的開創，是1919年

❹ 筆者曾經著文討論臺灣生育率降低的原因，見 "Temporal and Spatial Analysis of Fertility Decline in Taiwan", *Population Studies* 27 (1973), No. 1, pp. 97～104.

反傳統的五四運動之後的第二年，五四運動的健將陳獨秀也就是中國共產黨的開創人。更明確的說，共產黨所持為立國之本的馬克思主義，完完全全是西方的思想；以共產思想統治中國，那是百分之百的全盤西化。晚近《人民日報》偶而有批判全盤西化的議論，豈不是令人啼笑皆非。

反中華文化傳統，當然就是反儒家思想。儒家思想包羅萬端，有好有壞；從社會學的角度看：儒家思想最大的公益性，就是強調教育的功效❺。提倡有教無類，表揚有教養的飽學之士，樹立道德行為的社會標準。反儒家思想，首先就是要打擊知識分子，貶為「臭老九」，毛澤東對知識分子的評價就是：「嘴尖、皮厚、腹中空」，像無用的一根竹子一樣。

國民政府的憲法，一直規定政府的教育支出，不得低於總預算的15%。像這樣詳細的立法，在全世界先進國家也不多見。尤其是1950年代，雖然政府的財政支出困難，但仍然咬緊牙根，推動九年的義務教育，使一般的青少年，至少有初中的教育程度。

圖二很明顯的可以看出，兩岸人力資源發展的差距。從本世紀的開始，臺灣的教育水平一直比大陸高。高中生佔人口的比重，在臺灣大約是10%，在大陸還不到5%。很明顯的，兩者在起頭點上就不平等，可是，值得注意的是：1960年以前的臺灣，教育程度幾乎是持平不進，高中人口一直停留在10%～15%之間。1960年之後，也就是1940年以後出生的人口，即人口學上所謂的「口合」(cohort)，教育水平節節上升，如今臺灣青年人當中，55%高中畢業，跟西歐先進國

❺ 關於儒家思想之教育功能，前人著作眞的是汗牛充棟，晚近西方學者著作可參考：Don Y Lee, *An Outline of Confucianism: Traditional And Neoconfucianism,* Bloominton, IN: Eastern Press 1985.

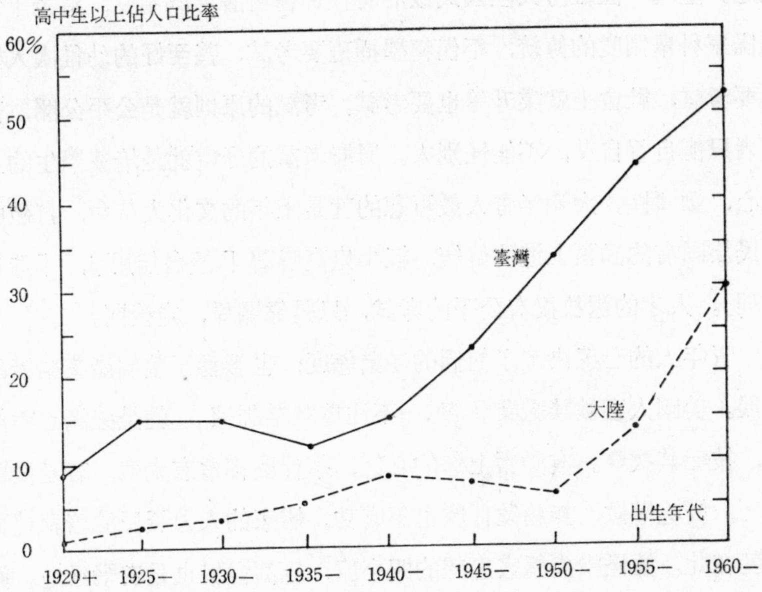

Sources: *Yearbook of Labor Statistics, Republic of China 1982,* Table 2, and *1982 Population Census of China,* Table 47.

圖二：臺灣與大陸人力資源培育之差異

家，已經相差不遠。

相形之下，大陸的年青人就不那麼幸運了。從 1940 開始一直到 1970年代，大陸的教育水平一直沒有顯著的提升。1970年代初葉長大的年青人，他們的高中生的比率還是在10%以下。只有在最近十五年之間，我們才看到大陸青年的教育程度突飛猛進。如今大陸青少年當中，30%已經有了高中教育。這是非常可喜的現象❻。

兩岸人力資源發展的分野，還不僅是量的問題，最重要的是質的

❻ 圖二所示之教育水平差異，係根據「出生年代」（cohort)，再加上十五年，就是「成長年代」，譬如 1920～1924 年出生的，其成長年代應是 1935～1939。

問題。臺灣一直維持大陸國民政府時代那種層層考試制度，這是千年來儒家科舉制度的傳統，不僅轉學揷班要考試，甚至好的幼稚園入學也要考試，社會上就業升等也要考試。考試的原則就是公平公開，落取者只能自怨自艾，不能怪別人。層層考試的好處就是培養學生的上進心，勤奮性。大陸年青人最可悲的就是十年的文化大革命，打破中華民族固有的勤奮上進的傳統，紅小鬼高唱著「讀書無用」，「造反有理」。人才的選拔沒有公平的考試，只是靠關係，走後門。

青年人的心態決定了他們的從業態度；也影響了整個產業結構的發展。美國人喜歡談職業教育，不注重職業訓練，就是強調心態第一，技能其次❼。有勤奮上進的心態，學什麼都會有成就；若是投機取巧，好吃懶做，無論做什麼也不成功。儒家的人力資源的培育精神也就在此。難怪崇尚儒家思想的四小龍，經濟發展也是突飛猛進。難怪臺灣的教育水平從 1960 年代開始提升，也就是同一時候，經濟發展開始起飛了。

四、經濟發展與社會制度

人力資源的培育，可以影響經濟發展，這是儒家思想認爲很根本的道理，中國人也以爲是一成不變的原則。然而在西歐的經濟學上，只有到最近才被普遍的接受，有的經濟學家也爲了闡述這個道理而拿

❼ 美國職業教育之社會功能，著論甚多。筆者在這方面著有專書討論，見 *Vocational Education and Social Eguality in the United States,* Washington, D.C.: University Press of America, 1981.

到諾貝爾獎❽。共產黨反對儒家思想，因而歧視人力資源的培養；連帶的，經濟上也沒有辦法發展起來。四十年來，大陸的經濟發展的尺度，只可能跟近鄰的印度相比。無可否認的，現在大陸同胞的生活比以前好多了，但是，同樣的，今日的印度人的生活水平也比以前提高了不少。

大陸經濟沒辦法起飛，另外一個重要原因，就是大鍋飯的社會制度造成的。孫中山在七十年前就說，馬克思是個好的社會病理學家，不是個好的社會生理學家❾。這句話確實是很有道理。貧富不均是個社會最根本的病態，馬克思看到了，認眞的去研究；可是，他找出的藥方卻是錯了，他迷信政治力量，以強制性的手法，分配財富，讓每個人都有餠吃。以前，只是少數人能吃一塊餠；共產黨來了，讓大多數的人可以一齊吃那塊餠，只是大家還是半餓不飽的。共產黨人沒有想到，天下之大，那塊餠實在太小，爲什麼不造個大餠，讓大家吃個心滿意足？可惜，馬克思的信徒，就像孫中山所說的，不是好的社會生理學家。

臺灣與大陸經濟發展的社會模式，從1950年初的土地改革政策，就可以看出兩者的背道而馳，注定了臺灣的發展，大陸的落後。大陸的土地改革，就是世界各地共產黨的相同策略：鬪爭與流血。煽動羣衆力量，鬪爭地主，就地分贓。臺灣的土地改革政策，則是採取軟性的限田與賠償的手段。每戶限制只能擁有三甲地，多餘的由政府收購，分配給佃農。收購賠償的方式，不是政府多印鈔票，那會引起通貨膨脹；而是把公營的企業，分紅轉讓給地主。這種策略如今看來簡

❽ Theodore W. Schultz 是人力資源論的開山祖師，也是諾貝爾獎的得主，他的早期著作見："Investment in Human Capital", *American Economic Review,* 51, 1961, pp. 1～17.

❾ 孫中山批判馬克思學說，見其所著之<民生主義>第一講。

直是奧妙無比。這種策略最重大的社會影響有二：一是促進了經濟的私有化，讓過去的公營工業，轉而爲私營企業。二是加速了經濟的工業化，鼓勵地主的資金，由農業轉向工業，從地主一變而爲企業家⑩。

表一：臺灣與大陸職業分配之比較，1982

職業分類	大陸	臺灣
(Professional) 專業	5.1	5.6
(Managerial) 經理	1.6	0.9
(Clerical) 佐理	1.3	13.3
(Sale) 買賣	1.8	12.9
(Service) 服務	2.2	7.5
(Farm) 農民	72.0	18.6
(Labor) 生產工人	16.0	41.3

Sources: *Yearbook of Labor Statistics, Republic of China 1982,* Table 12, and *1982 Population Census of China,* Table 57.

我們從表一不難看出海岸兩岸經濟型態的差異。一直到最近，大陸的經濟型態還是停留在落後的農耕社會。差不多¾的就業人口，還

⑩ 臺灣土地改革的社會分析，詳見楊懋春著：*Socio-Economic Results of Land Reform in Taiwan,* Honolulu, HA: East-West Center, 1970.

是以農耕爲主。這恐怕比秦始皇時代進步一點而已。工業人口只佔16%，只是剛剛啓蒙，離工業化還有一段很長的路。對岸的臺灣則是已經工業起飛了，41%的就業人口是生產工人，農業者的比重則降低到18%。

由於經濟發展的差異，連帶的影響其他的社會制度的發展。從表一可以看出，臺灣的中層階級的力量已經開始萌芽了，而大陸的中產階級還是尚未形成。一般社會學者總是依職業階層來測定中產階級，佐理及商業買賣人員是中產階級的主幹⓫。依據大陸的人口統計，這方面的人口比重只有 3 %，而臺灣則已高達26%了。

當然，中產階級的定義相當的複雜，很難只靠一個指標來測定。但是，我們認爲中產階級的測定至少脫離不了下列的量化標準：一是工商從業者的增加，二是都市人口的集中，三是經濟私有力量的提升。

用這些多重標準來衡量，我們仍然認爲在不久的將來，大陸的中產階級很難快速的成長。由於共產黨傳統的壓制商人，視之爲剝削階級，商業人才很難在短期內增加。大陸的都市化也因爲共產黨限制人口遷移，而無法大幅度的發展，只是佔全人口的20%左右⓬。最嚴重的是，大陸的大鍋飯制度，絕大多數的企業，不是國有，就是集體所有，私人企業（或稱之爲個體經營）只佔總勞動力的20%⓭，實在是

⓫ 此種中產階級的測定法，見社會學名著 Peter Blau and O. Dudley Duncan, *American Occupational Structure*, WT: John Miley, 1967.

⓬ 大陸都市人口之變遷，詳見 Rhoads Murphey, *The Fading of The Maoist Vision: City and Country in China's development*, New York: Methuen, 1980.

⓭ 詳見 World Bank, *CHINA: Long-Term Development Issues and Options*, Baltimore, MD: John Hopkins University Press, 1985.

微不足道。在這種經濟型態下，經濟自主權很難成長，中產階級的產生也就免談了。

臺灣有了中產階級的形成，因之，政治的民主化才能如火如荼的開展。民主制度的產生，不是靠由上而下的施捨，而是賴由下而上的爭取。唯有當中介力量已經成了氣候，才會有能力代表下層羣衆，跟上層的在位者爭取權益。晚近的臺灣政治的演變，可以說是一部中產階級的奮鬥史。有閒有錢的中產階級，爲農民及工人撑腰努力。

五、結論——什麼是臺灣經驗？

綜合以上的分析，我們大致可以歸納出幾點結論，這幾點結論正是解答本文剛開始所提出的問題：什麼是臺灣經驗？

第一，我們比較海峽兩岸的社會發展，發現臺灣與大陸的社會政策最大的分歧點，乃是大陸太迷信政府的力量，而臺灣的政治干預度較低得多。共產黨徒長於組織羣衆，也被戰爭勝利衝昏了頭。他們認爲：嚴密的社會組織，鼓動羣衆，就可以解決所有的社會問題。於是他們動員羣衆，土法煉鋼，準備工業升級，結果是社會大崩潰，幾千萬人死亡，也有幾千萬嬰兒胎死腹中。就連最沒有政治意義的生育政策，共產黨中央也要扮演著「觀音配子」的角色。每個家庭只能一胎化，於是配子如配糧。地方的共產領導是個大家長，有權決定張家或李家今年可以懷孕生子。

臺灣的社會經驗則是相反，國民政府受盡了大陸經濟慘敗的經驗，於是大幅度的推展經濟社會自由化。政府可以不管的，儘量讓它自由的去發展。就拿人口政策來說，政府只是提供節育的方便設施，但是節育的決定還是操在個人家庭的手上。雖然有些人或者譏笑國民政府的人口政策太消極；可是，從人口統計上我們可以明顯的看出，不管是積極的政府干預政策，或者是消極的自由開放政策，海峽兩岸最近的人口生育率，差不多是同樣的低。（都是在18‰左右）。

第二，海峽兩岸政治文化最大的差異，就是大陸堅持馬克思思想爲國本的全盤西化政策，而臺灣的政治文化仍然強調傳統的儒家思想。儒家思想的最根本信仰就是強調人力資源的培育。我們分析的結果發現，傳統的政治文化信仰並不是壞的，而反傳統的西化制度也不一定是好的。臺灣奉仰儒家思想最成功的社會政策，就是大力推動人力資源的培育；有了豐盛的人力資源，臺灣的經濟才能起飛。雖然過去有不少人認爲，儒家的科舉取士制度會扼殺了個人的自由發展，但是，他們那會想到層層的考試制度可以建立社會的公信力，並且培育一羣勤奮上進的青年學子。大陸文化大革命所造成的人力資源的破壞，實在是深遠而難以補救的。

第三，海峽兩岸的社會結構，最顯著的不同，就是臺灣已經產生了一股活潑的中產階級，而大陸的經濟社會制度，根本無法形成強大的中產階級。在共產制度下，商人買辦被視爲中間剝削階級；人口不許自由流動，都市化相當困難，都市的有閒階級也難形成；並且，私人企業制度一直被扼殺箝制，在大鍋飯的社會制度下，人人只求溫飽，缺乏創業上進的社會衝力。

唯有自由開放的社會結構，才能使大陸的經濟起飛，才能開創新中國的政治局面。大陸的爲政當局，沒法子擺脫大家長的封建心態，總是把人民當成是家禽一樣。（這也就是陳雲所謂的鳥籠經濟政策。）面對著千瘡百孔的大陸社會，當今大陸領導人的尷尬處境，有如臺灣一句俗話：「握著怕死，放了怕飛」。事實上，中華民族的固有文化，有它的韌性及創力；只要有一個政治安定的社會，讓人民自由開放的去發展，他們自自然然的尋找出一條現代化的活路來。四十年來，臺灣成功的經驗也就在此。

過去西方的社會科學家，受了馬克思思想的影響，共產革命的啓示，往往提出一些似是而非的社會發展理論。有些學者以爲落後地區的經濟，遲遲未能起飛發展，最主要的原因，就是社會動員力的缺乏。第三世界文化邊陲地區的發展動力，須靠整個社會有嚴密的政治組織，所謂全國一盤棋，朝著單一的革命目標邁步前進。依據他們看來，有組織就能動員，動員就是社會發展的主力[14]。

我們從臺灣與大陸社會發展經驗的比較，所得到的結論，正好跟這些西方學者的發展理論相反。大陸社會政策的慘痛失敗，就是共產黨徒太迷信社會動員論。他們被戰爭勝利衝昏了頭，認爲組織動員就可以解決一切的社會問題。他們不講成本效益，不顧社會代價，不惜動員千萬人去打痲雀，去土法煉鋼，最近還強迫節育；結果是民怨載道，整個社會形似堅固，其實根基腐化。臺灣能夠有高度的經濟成長，也就是因爲爲政當局採取了低動員政策（De-mobilization Policy)。政府的權力儘量的下放，讓私人企業能發揮固有的文化美德，勤奮節儉，爲下一代的教育幸福而努力。雖然臺灣社會表面看來是雜亂無章，但是，臺灣經濟的結果，卻是自由進步的。政府所扮演的角色，不再是高高在上的「領導」，也不是動員千軍萬馬的「頭頭」；而是從旁協助社會發展的催化者。臺灣爲政當局重視基礎建設，負責建立進步開放的環境，讓老百姓自由的去發揮中華民族固有的文化內涵。這樣的發展策略，希望也是未來開創新中國的模式。

---

[14] 動員發展論，散見 1960 年代政治學的許多著作，譬如 Gabriel A. Almond, *Political Development: Essays in Heuristic Theory*, Boston, MA: Little, Brown & Co. 1970.

滄海叢刊書目

國學類

中國學術思想史論叢(一)～(八)	錢　穆　著
現代中國學術論衡	錢　穆　著
兩漢經學今古文平議	錢　穆　著
宋代理學三書隨劄	錢　穆　著
先秦諸子繫年	錢　穆　著
朱子學提綱	錢　穆　著
莊子纂箋	錢　穆　著
論語新解	錢　穆　著

哲學類

文化哲學講錄(一)～(五)	鄔昆如　著
哲學十大問題	鄔昆如　著
哲學的智慧與歷史的聰明	何秀煌　著
文化、哲學與方法	何秀煌　著
哲學與思想	王曉波　著
內心悅樂之源泉	吳經熊　著
知識、理性與生命	孫寶琛　著
語言哲學	劉福增　著
哲學演講錄	吳　怡　著
後設倫理學之基本問題	黃慧英　著
日本近代哲學思想史	江日新　譯
比較哲學與文化(一)(二)	吳　森　著
從西方哲學到禪佛教——哲學與宗教一集	傅偉勳　著
批判的繼承與創造的發展——哲學與宗教二集	傅偉勳　著
「文化中國」與中國文化——哲學與宗教三集	傅偉勳　著
從創造的詮釋學到大乘佛學——哲學與宗教四集	傅偉勳　著
中國哲學與懷德海	東海大學哲學研究所主編
人生十論	錢　穆　著
湖上閒思錄	錢　穆　著
晚學盲言(上)(下)	錢　穆　著
愛的哲學	蘇昌美　著
是與非	張身華　譯
邁向未來的哲學思考	項退結　著

現代藝術哲學	孫　旗　譯
現代美學及其他	趙天儀　著
中國現代化的哲學省思	成中英　著
不以規矩不能成方圓	劉君燦　著
恕道與大同	張起鈞　著
現代存在思想家	項退結　著
中國思想通俗講話	錢　穆　著
中國哲學史話	吳怡、張起鈞　著
中國百位哲學家	黎建球　著
中國人的路	項退結　著
中國哲學之路	項退結　著
中國人性論	臺大哲學系主編
中國管理哲學	曾仕強　著
孔子學說探微	林義正　著
心學的現代詮釋	姜允明　著
中庸誠的哲學	吳　怡　著
中庸形上思想	高柏園　著
儒學的常與變	蔡仁厚　著
智慧的老子	張起鈞　著
老子的哲學	王邦雄　著
逍遙的莊子	吳　怡　著
莊子新注（內篇）	陳冠學　著
莊子的生命哲學	葉海煙　著
墨家的哲學方法	鍾友聯　著
韓非子析論	謝雲飛　著
韓非子的哲學	王邦雄　著
法家哲學	姚蒸民　著
中國法家哲學	王讚源　著
二程學管見	張永儁　著
王陽明——中國十六世紀的唯心主義哲學家	張君勱原著、江日新中譯
王船山人性史哲學之研究	林安梧　著
西洋百位哲學家	鄔昆如　著
西洋哲學十二講	鄔昆如　著
希臘哲學趣談	鄔昆如　著
近代哲學趣談	鄔昆如　著
現代哲學述評(一)	傅佩榮編譯

當代西方哲學與方法論　臺大哲學系主編
人性尊嚴的存在背景　項退結編著
理解的命運　殷鼎著
馬克斯・謝勒三論　阿弗德・休慈原著、江日新譯
懷海德哲學　楊士毅著
洛克悟性哲學　蔡信安著
伽利略・波柏・科學說明　林正弘著

宗教類

天人之際　李杏邨著
佛學研究　周中一著
佛學思想新論　楊惠南著
現代佛學原理　鄭金德著
絕對與圓融——佛教思想論集　霍韜晦著
佛學研究指南　關世謙譯
當代學人談佛教　楊惠南編著
從傳統到現代——佛教倫理與現代社會　傅偉勳主編
簡明佛學概論　于凌波著
圓滿生命的實現（布施波羅密）　陳柏達著
薝蔔林・外集　陳慧劍著
維摩詰經今譯　陳慧劍譯註
龍樹與中觀哲學　楊惠南著
公案禪語　吳怡著
禪學講話　芝峯法師譯
禪骨詩心集　巴壺天著
中國禪宗史　關世謙著
魏晉南北朝時期的道教　湯一介著

社會科學類

憲法論叢　鄭彥棻著
憲法論衡　荆知仁著
國家論　薩孟武譯
中國歷代政治得失　錢穆著
先秦政治思想史　梁啟超原著、賈馥茗標點
當代中國與民主　周陽山著
釣魚政治學　鄭赤琰著
政治與文化　吳俊才著
中國現代軍事史　劉馥著、梅寅生譯
世界局勢與中國文化　錢穆著

中華文化十二講	錢　穆著
民族與文化	錢　穆著
楚文化研究	文崇一著
中國古文化	文崇一著
社會、文化和知識分子	葉啟政著
儒學傳統與文化創新	黃俊傑著
歷史轉捩點上的反思	韋政通著
中國人的價值觀	文崇一著
紅樓夢與中國舊家庭	薩孟武著
社會學與中國研究	蔡文輝著
比較社會學	蔡文輝著
我國社會的變遷與發展	朱岑樓主編
三十年來我國人文社會科學之回顧與展望	賴澤涵編
社會學的滋味	蕭新煌著
臺灣的社區權力結構	文崇一著
臺灣居民的休閒生活	文崇一著
臺灣的工業化與社會變遷	文崇一著
臺灣社會的變遷與秩序(政治篇)(社會文化篇)	文崇一著
臺灣的社會發展	席汝楫著
透視大陸	政治大學新聞研究所主編
海峽兩岸社會之比較	蔡文輝著
印度文化十八篇	糜文開著
美國的公民教育	陳光輝譯
美國社會與美國華僑	蔡文輝著
文化與教育	錢　穆著
開放社會的教育	葉學志著
經營力的時代	青野豐作著、白龍芽譯
大眾傳播的挑戰	石永貴著
傳播研究補白	彭家發著
「時代」的經驗	汪琪、彭家發著
書法心理學	高尚仁著
史地類	
古史地理論叢	錢　穆著
歷史與文化論叢	錢　穆著
中國史學發微	錢　穆著
中國歷史研究法	錢　穆著
中國歷史精神	錢　穆著

國史新論	錢　穆　著
秦漢史	錢　穆　著
秦漢史論稿	邢義田　著
與西方史家論中國史學	杜維運　著
中西古代史學比較	杜維運　著
中國人的故事	夏雨人　著
明朝酒文化	王春瑜　著
共產國際與中國革命	郭恒鈺　著
抗日戰史論集	劉鳳翰　著
盧溝橋事變	李雲漢　著
老臺灣	陳冠學　著
臺灣史與臺灣人	王曉波　著
變調的馬賽曲	蔡百銓　譯
黃帝	錢　穆　著
孔子傳	錢　穆　著
唐玄奘三藏傳史彙編	釋光中　編
一顆永不殞落的巨星	釋光中　著
當代佛門人物	陳慧劍編著
弘一大師傳	陳慧劍　著
杜魚庵學佛荒史	陳慧劍　著
蘇曼殊大師新傳	劉心皇　著
近代中國人物漫譚・續集	王覺源　著
魯迅這個人	劉心皇　著
三十年代作家論・續集	姜　穆　著
沈從文傳	凌　宇　著
當代臺灣作家論	何　欣　著
師友風義	鄭彥棻　著
見賢集	鄭彥棻　著
懷聖集	鄭彥棻　著
我是依然苦鬥人	毛振翔　著
八十憶雙親、師友雜憶（合刊）	錢　穆　著
新亞遺鐸	錢　穆　著
困勉強狷八十年	陶百川　著
我的創造・倡建與服務	陳立夫　著
我生之旅	方　治　著

語文類

中國文字學	潘重規　著

中國聲韻學	潘重規、陳紹棠 著
訓詁通論	吳孟復 著
翻譯新語	黃文範 著
詩經研讀指導	裴普賢 著
陶淵明評論	李辰冬 著
鍾嶸詩歌美學	羅立乾 著
杜甫作品繫年	李辰冬 著
杜詩品評	楊慧傑 著
詩中的李白	楊慧傑 著
司空圖新論	王潤華 著
詩情與幽境——唐代文人的園林生活	侯迺慧 著
唐宋詩詞選——詩選之部	巴壺天 編
唐宋詩詞選——詞選之部	巴壺天 編
四說論叢	羅盤 著
紅樓夢與中華文化	周汝昌 著
中國文學論叢	錢穆 著
品詩吟詩	邱燮友 著
談詩錄	方祖燊 著
情趣詩話	楊光治 著
歌鼓湘靈——楚詩詞藝術欣賞	李元洛 著
中國文學鑑賞舉隅	黃慶萱、許家鶯 著
中國文學縱橫論	黃維樑 著
蘇忍尼辛選集	劉安雲 譯
1984	GEORGE ORWELL原著、劉紹銘 譯
文學原理	趙滋蕃 著
文學欣賞的靈魂	劉述先 著
小說創作論	羅盤 著
借鏡與類比	何冠驥 著
鏡花水月	陳國球 著
文學因緣	鄭樹森 著
中西文學關係研究	王潤華 著
從比較神話到文學	古添洪、陳慧樺主編
神話即文學	陳炳良等譯
現代散文新風貌	楊昌年 著
現代散文欣賞	鄭明娳 著
世界短篇文學名著欣賞	蕭傳文 著
細讀現代小說	張素貞 著

現代詩學	蕭　蕭　著
詩美學	李元洛　著
詩學析論	張春榮　著
橫看成嶺側成峯	文曉村　著
大陸文藝論衡	周玉山　著
大陸當代文學掃瞄	葉稺英　著
走出傷痕——大陸新時期小說探論	張子樟　著
兒童文學	葉詠琍　著
兒童成長與文學	葉詠琍　著
增訂江皋集	吳俊升　著
野草詞總集	韋瀚章　著
李韶歌詞集	李　韶　著
石頭的研究	戴　天　著
留不住的航渡	葉維廉　著
三十年詩	葉維廉　著
讀書與生活	琦　君　著
城市筆記	也　斯　著
歐羅巴的蘆笛	葉維廉　著
一個中國的海	葉維廉　著
尋索：藝術與人生	葉維廉　著
山外有山	李英豪　著
葫蘆·再見	鄭明娳　著
一縷新綠	柴　扉　著
吳煦斌小說集	吳煦斌　著
日本歷史之旅	李希聖　著
鼓瑟集	幼　柏　著
耕心散文集	耕　心　著
女兵自傳	謝冰瑩　著
抗戰日記	謝冰瑩　著
給青年朋友的信(上)(下)	謝冰瑩　著
冰瑩書柬	謝冰瑩　著
我在日本	謝冰瑩　著
人生小語(一)～(四)	何秀煌　著
記憶裏有一個小窗	何秀煌　著
文學之旅	蕭傳文　著
文學邊緣	周玉山　著
種子落地	葉海煙　著

向未來交卷	葉海煙 著
不拿耳朵當眼睛	王讚源 著
古厝懷思	張文貫 著
關心茶——中國哲學的心	吳怡 著
放眼天下	陳新雄 著
生活健康	卜鍾元 著

美術類

樂圃長春	黃友棣 著
樂苑春回	黃友棣 著
樂風泱泱	黃友棣 著
談音論樂	林聲翕 著
戲劇編寫法	方寸 著
戲劇藝術之發展及其原理	趙如琳譯著
與當代藝術家的對話	葉維廉 著
藝術的興味	吳道文 著
根源之美	莊申 著
中國扇史	莊申 著
立體造型基本設計	張長傑 著
工藝材料	李鈞棫 著
裝飾工藝	張長傑 著
人體工學與安全	劉其偉 著
現代工藝概論	張長傑 著
色彩基礎	何耀宗 著
都市計畫概論	王紀鯤 著
建築基本畫	陳榮美、楊麗黛 著
建築鋼屋架結構設計	王萬雄 著
室內環境設計	李琬琬 著
雕塑技法	何恆雄 著
生命的倒影	侯淑姿 著
文物之美——與專業攝影技術	林傑人 著